WAC BUNKO

トヨタが中国に接収される日

この恐るべき「チャイナリスク」

平井宏治

WAC

はじめに

ロシアの身勝手なウクライナ侵略に対して、西側諸国は大規模な経済制裁を課しました。その切り札が「ＳＷＩＦＴ」（国際銀行間通信協会）からのロシア金融機関の締め出しです。この結果、国際的な資金のやりとりが困難になり、ロシア経済は窮地に追い込まれています。

日本の改正外為法により、日本とロシアの間では、資本取引以外の取引（経常取引）に関しては、原則として制限がなくなっていました。しかし法人間決済は、契約1件当たりの現金決済金額に10万ルーブル（1ルーブル＝15円として、約15万円）の制限がかけられました。

そして日本からロシアに輸出した分の代金は、銀行を通じてドル、ユーロ、円などの外貨で受け取ります。決済手段は銀行振込、手形、Ｌ／Ｃなどですが、ＳＷＩＦＴから排除されたので、ルーブルの価値は急速に下落しています（その後持ち直しましたが）。

一方、この事態を受けて、ロシアからの事業撤退や一時停止を決める海外企業が急増しています。これまでに外資系企業３００社以上がそれを表明したといわれます。これはロシアのウクライナ侵略への抗議の意志を表明したものです。

近年、企業は人権問題への対応など、国際的、社会的課題の解決に向けて積極的に取り組もうという志向が強まっていますが、今回の企業の迅速な判断も、それと無関係ではないでしょう。

これに対してロシア政府は、撤退した西側企業の資産を一方的に接収し、国有化する計画を明らかにしました。海外企業の事業撤退、一時停止によってロシア国内の雇用が喪失するので、これら国内の生産能力の低下を回避することが狙いと説明しています。しかし実際には、外国の民間企業への報復です。

ではは仮に、ロシアでの資産が接収される場合、日本企業はどれほどの被害を受けるのでしょうか。

サービス業では不動産リース関連の損失などですみ、比較的打撃が軽いようですが、その一方で製造業は高額な製造設備を失い、運輸業では、倉庫・トラックなどの物流資産を失う可能性があります。

野村総合研究所の試算では、仮にロシアでの資産が接収されても、日本企業がこうむる損失はそれほど大きくないということです。その根拠になった財務省の資料では、日本企業の現地事業における対ロシア直接投資残高は2020年末で2479億円。これは日本の海外への直接投資残高約206兆円のわずか0・12%に過ぎません。

しかも、ロシアへの直接投資から生じる利益のうち日本に還流される収益（直接投資収益）は同年で509億円。海外から得られる直接投資収益全体のわずか0・35%なので、仮に日本企業のロシア資産がすべて接収され、ロシアでのビジネスから日本に還流する直接投資収益がすべて失われても、それは日本の年間GDPを0・01%押し下げるに過ぎないという試算もあります。

では、日本のロシア向け輸出の比率はどうなるのか？　総額の1%と、とても小さいのですが、それでもロシア向け輸出がすべてなくなると、日本のGDPは直接的に0・18%押し下げられます。つまり、現地でのビジネスが停止する影響に比べ、ロシア向け輸出がストップしてしまう影響のほうが大きいと、野村総合研究所は結論づけています。

ウクライナの次に来る「台湾有事」の衝撃

しかし、ロシアのウクライナ侵略は、〝もう一つの危険性〟を日本に知らしめました。中国による「台湾侵略」が現実味を帯びてきたのです。「台湾は中国の不可分の領土」と常々公言する習近平は、ロシアのウクライナ侵略に伴う戦略や国際社会の反応を注視しながら、虎視眈々と台湾侵略の策を練っているでしょう。

中国が台湾侵略に踏み切った場合、日本経済に与える打撃は、ロシアのウクライナ侵略の比ではありません。ロシアに進出している日本企業は約370社と言われていますが、中国には約1万3600社と、桁違いの企業が進出しているのです。

しかもロシアの場合は、外国企業の資産を接収するにしても、これから法律を制定して実施に移すという段階ですが、中国の場合はすでに接収の法律もできていて法的根拠が整っています。こちらのほうが、はるかに影響が大きいのです。

中国はこの10年間で、共産党独裁に奉仕する法律を制定してきました。代表的なものは、「国防動員法」「国家情報法」「反外国制裁法」「輸出管理法」「データ安全法」の5つです。第

1章で詳述しますが、万が一、台湾有事が勃発した場合には、「国防動員法」が発動され、中国政府は〝敵国〟の日本企業を制裁することは明らかです。

台湾有事は、イコール日本有事です。台湾の主要施設は、中国からの攻撃を避けるため台湾海峡側ではなく太平洋岸にあります。中国軍機がこれら太平洋側に面する主要施設を破壊しようとすれば、大陸の基地から発進して先島諸島《さきしま》上空でUターンをしなければ、太平洋側の施設を攻撃できません。このとき、先島諸島上空を領空侵犯する可能性が大ですので、自衛隊機がスクランブル発進して、戦闘が起きることが予想されます。

「国防動員法」については、第1章で詳しく説明します。

工作はミサイルを超える武器になる

現代の戦争には、武器を使う戦争と使わない戦争（ハイブリッド戦争）があります。ハイブリッド戦争をするための工作は浸透工作で、中国ではこれを「超限戦」と言います。「あらゆる場所や手段を使い戦う」という意味です。習近平が言う「社会の安定」とは、言い換えると、中国共産党の独裁が続き、中国共産党員が国民を支配する社会を永遠に続けることです。この目的を実行するために動く組織が、中国共産党中央統一戦線工作部です。この組織は工作活動を行い、工作対象者の管理や共産党の政策浸透活動、敵対勢力の排除・撲滅活動、わが国にいる華僑や華人を使う統一戦線工作を行っています。この工作組織は日本社会に深く浸透し、貿易やハイテク、金融、環境なども含めて、あらゆる分野でＢＭＷ（Business, Money, Woman）を用いて、ハイブリッド戦争に勝とうとしているのです。平和ボケしたり、浸透工作されたりした日本の政界、財界、学会などの中には、「安全保障はアメリカ、経済は中国」という人がいます。水面下では、統一戦線により工作対象者の管理や中国共産党の政策浸透活動が進んでいるのです。

経済安全保障でいうなら、こうした人たちをあざ笑うかのように、超限戦で日本の独自技術がどんどん吸い上げられ、最新兵器に軍事転用されているのです。日本企業は目先の経済的利益で誘導されると、底なし沼に沈んでしまい、抜き差しならなくなります。

我々日本人は「騙すほうが悪い」と考える人が多いですが、中国人と事業を行った経験のある日本人ならば、ほとんど全ての中国人が「騙されるほうが悪い」と考えることを知っています。私自身、中国人が「日本人は中国人の言うことを疑わないから、騙すのはとても簡単」と言うのをこの耳で聞きました。日本人と中国人の考え方は決定的に違うのです。

私も「中国人は息を吐くように嘘をつき、平気で人を裏切る信用できない人たちだ」という現実を体で学びました。こういう中国人に善意で行動することを期待するのが過ちなのです。私は彼らが美味いものをご馳走してくれる裏には、何があるのかを常に考えます。統一戦線にやられるのは、こういう警戒感のない人です。武器を使う従来型の戦争と武器を使わないハイブリッド戦争があり、私たちはいま、後者を意識することが必要なのです。

日本企業は一刻も早く「脱中国」に舵を切れ

２０１８年以降、米中対立が先鋭化し、米中の法律合戦は激しさを増しています。グローバル経営に乗り中国を組み込んだサプライチェーンを構築した日本企業は、米中の股裂きにあっています。民主主義vs独裁主義の覇権争いは、決着がつくまで数十年続くでしょう。

米中対立は、機微《きび》技術や軍民両用技術の移転と軍事転用の阻止から始まり、２０２１年は、人権問題への対応、金融市場での資金調達規制、サイバーセキュリティの強化などに拡大しました。

この対立激化が日本企業を直撃しています。アメリカは２０２１年、ウイグル人権法を改正し、人権侵害行為に「強制労働」を追加しました。同時に「ウイグル強制労働防止法」も制定しました。人権問題と経済安全保障。一見、何も関係がなさそうに見える両者が、日本企業の経営にも大きな影響を及ぼします。人権音痴の経営は致命傷になりかねない理由も第1章で説明します。

また、2020年に成立したアメリカの「外国企業説明責任法」は、アメリカの公式監査組織が、上場する中国企業の会計監査を検査できない事態が3年続くと、その企業はアメリカの証券取引所から追放されるという法律です。2024年には、200社以上の中国企業がアメリカの証券取引所から追放されると予想されますが、中国政府がアメリカに屈し、アメリカによる会計監査結果の検査を受け入れようとしています。中国も背に腹はかえられないようです。中国を従わせるものは議論ではなく力です。この法律とは別に、アメリカは、すべてのアメリカの投資家に対し、上場する中国軍関連企業が発行する有価証券の取引を禁止する大統領令を発令しました。さらに、中国企業がアメリカの連結会計ルールを使い、中国企業とは資本上無関係のペーパーカンパニーを上場させ、資金調達を行うVIE（Variable Interest Entity）スキームの扱いも微妙になりました。VIEスキームを知らない方も多いので、第1章で説明します。

第2章では、日本企業を襲った経済安全保障事案について解説し、中国のビジネスリスクと、中国が日本を「絡め取る」工作を紹介します。

第3章では、学術界の闇に光を当てます。日本の学術界が、中国人民解放軍系列の武器開発大学から留学生を受け入れ、日本由来の軍民両用技術を研究させている問題にも触れます。中国が、極超音速ミサイルの実験を行い、アメリカを慌てさせましたが、この技術は、日本の大学から漏洩しました。そこで、極超音速ミサイル技術がいかにして中国の手に渡ったのかを実名で明かします。

第4章では、「脱中国」を提案します。中国依存を徐々に「希薄化」していって、中国で生産する量を減らす。代わりに日本や周辺諸国に生産拠点を移して、完成品を中国に輸出するのです。いままで「改革開放の国」だった中国の態度が変わり「規制と統制の国」に変わったのですから、日本も対応を変えなければいけません。

グローバル経済の時代は終わりを告げ、これまでのヒト、モノ、カネ、情報は国境を越えて自由に往来するという前提は機能しなくなりました。武漢ウイルスが蔓延したとき、中国がマスクの日本への輸出を禁止し、モノ（マスク）が自由に国境を越えることができなかったことは、グローバル経済論が崩れ去った典型的事例です。2020年代は、経済安全保障を念頭に入れた経営の時代になったのです。

日本企業にとり、中国（チャイナ）ビジネスリスク対応の巧拙が、企業の運命を分ける時代になったのです。これからお読みになることは日本の企業経営者やビジネスマンにとって、自社の運命を左右しかねない情報だと認識してください。本書を読めば、中国に深入りしたままだと致命傷を負いかねないことがおわかりいただけると思います。

トヨタが中国に接収される日

この恐るべき「チャイナリスク」

目次

第1章　米中対立激化で試される日本企業

第2章　日本企業の主な経済安全保障事案

第1章

米中対立激化で試される日本企業

軍民融合政策で兵器近代化に邁進する中国

中国共産党は2010年代以降、軍民融合政策に基づいて西側諸国から軍民両用技術を窃取し、「智能化（ハイテク）戦争」に備えた兵器の近代化を進めてきました。

軍民融合政策とは、「中国共産党が人民解放軍を世界で最も技術的に進んだ軍事組織にするため、民主主義社会の開放性を巧みに利用して、民間企業を通じて重要で新しい技術を窃盗する戦略」のことです。

アメリカの国務省は、「中国共産党が、共同研究、学術界、経済界を利用して、これらの機関や企業の同意を得ずに違法な手段で知識や情報を搾取して、軍事的優位性を確立しようとしている」と説明しています。

また、アメリカ国防総省は、軍民融合政策について、平時から物流などの民間企業の資源を軍事目的で活用するためのシステム化を推進したり、軍事技術を民間転用したりするものと捉えています。多くの国で、戦争など国家の非常事態に民間を動員しますが、中国の軍民融合政策では、平時から民間企業が企業民兵として動員体制に組み込まれ、定期的に人民解放軍の指揮下でさまざまな訓練や作戦に参加しています。

中国共産党が窃取する技術は、量子コンピューティング、ビッグデータ、半導体、５Ｇ、原子力技術、航空宇宙技術、人工知能などであり、これらの技術は、軍事と民間の両方で応用できる軍民両用技術と呼ばれます。

軍事技術を民間転用したりする目的は、日本や西側諸国から窃取した軍民両用技術を軍事転用しながら、この軍事技術を一般消費者などが使う商品に転用して、民間企業が販売することで、経済成長をはかることも含まれます。

日本は、中国企業との取引や合弁会社の設立、技術提携の際、中国側が日本の技術や日本から輸入した製品・部品などを軍事転用するリスクがあることを認識する必要があります。

すでに知られたことですが、中国は、狙いをつけた技術を窃取するため、中国進出の条件として、日本企業に技術を開示させる例が多発しています。中国進出プロジェクトをまとめることが目的化してしまい、技術を教えてしまった結果、技術情報が漏れ、虎の子の製造技術やノウハウを中国の競合他社に模倣された話は、中国で事業をした経験のある方なら、聞いたことがあるでしょう。企業が持つ技術やノウハウは、その会社が過去に失敗を重ねた挙句、体得した宝であり、競争力の源泉です。中国企業はこの貴重な技術やノウハウを、一瞬で奪い取るのです。この問題は、中国に進出したアメリカ企業にも起きており、トランプ前政権が問題視したことを覚えている方も多いと思います。

不透明な軍拡を続ける中国を警戒したアメリカを中心とする西側諸国は、軍民両用技術や軍事に用いられる可能性の高い技術（機微技術と呼びます）の軍事転用を防ぐために、対策に取り組み始めました。

ですから日本企業の経営者が、中国の軍民融合政策の認識がないままに、目先の利益だけを考え、中国ビジネスを展開することは、企業の存亡にかかわる軽率でリスキーな行為と言わざるをえません。アメリカの対中強硬措置の背景には、軍民融合加速への強い警戒があり、わが国の安全保障にも直結する問題なのです。

軍産複合体と「中国製造2049」

中国で兵器などの研究開発や製造を行う企業は、国有企業だけでなく、民間企業、大学、研究機関と多岐にわたります。一見、軍事産業と無関係なこれらの組織が、軍事研究や武

図表1　中国の主要軍事産業

企業名	担当する産業領域
中国核工業建設集団公司	原子力発電関連事業、原子炉、核燃料サイクル施設、核兵器、原子力潜水艦用原子炉など
中国航天科技集団有限公司	宇宙船、発射ロケット、戦略･戦術ミサイルシステム、地上機器。民生産業では、機械、化学工業、電気通信機器、輸送手段、コンピュータ、医療および環境保護機器など
中国航天科工集団公司	防空ミサイル、巡航ミサイル、ロケット、宇宙技術製品、宇宙船、戦術･戦略ミサイルやそれに付随する地上設備など
中国航空工業集団有限公司	輸送機、エンジン、ヘリコプター、航空機搭載の設備･システム、汎用航空機の他、貿易･物流、自動車など多岐にわたる産業を網羅
中国船舶集団有限公司	造船および舶用機器の製造
中国兵器工業集団有限公司	銃器、弾薬の開発、製造、及び装甲車、戦車、無人偵察機等の航空機、ミサイル、水陸両用車、爆弾等
中国兵器装備集団公司	特殊製品、自動車、新エネルギー、装備製造
中国電子科技集団有限公司	通信機器、コンピュータ、電子機器、ソフトウェア開発、研究サービス、投資および民間･軍事用の資産管理
中国電子信息産業集団	国家安全保障に関連する戦略的および基本的な電子情報産業、集積回路と主要コンポーネント、ソフトウェアとシステムの統合、ハイテク電子機器、モバイル通信端末とサービス、電子商取引とエンジニアリングなど

器製造をしていますので、中国の産業構造を知ることが必要になります。

中国では、１９９０年代前半まで、政府の組織で武器類の開発や製造が行われていました。この武器類の開発や製造を行う政府組織は、幾多の変遷を経て、国有企業に移管されました。更に再編を経て、現在は、産業分野別に９つの軍産複合体になっています（図表1）。

一般消費者が使用する機器を開発、製造、販売する会社が、軍産複合体に属している例は珍しくはありません。一例をあげると、世界最大の監視カメラメーカー、杭州海康威視数字技术（Hangzhou Hikvision Digital Technology Co., Ltd.）です。日本ではハイクビジョンと呼びます（P86図表参照）。この企業は軍産複合体の中国電子科技集団の子会社が所有する会社で、日本にも日本法人があります。

軍産複合体や軍民融合政策と関係する産業政策が、「中国製造２０４９」です。後ほど、この産業政策について説明しますが、中国共産党は、中国企業に経済的な動機づけを与えることで、軍民一体となった軍事技術開発を推進しています。

改革開放路線で「世界の工場」として飛躍的な成長を達成した中国は、政治的に中国と対立する相手国に対し、対中依存度の大きさを逆手に取り〝報復〟するという戦狼外交を行い経済的な影響力を用いて相手をねじ伏せる意思を隠さなくなりました。台湾のパイン、フィリピンのバナナ、オーストラリアの石炭、大麦、木材、ワイン、ロブスター、牛肉など、リトアニアのラム酒や牛肉などが、政治的理由で中国から輸入禁止や高関税をかけられたことを覚えている方も多いと思います。

中国共産党の機関紙「求是」によると、２０２０年4月、習近平主席はこのような発言をしています。「産業の質を高めて世界の産業チェーンの我が国への依存関係を深め、外国による人為的な供給停止に対する強力な反撃・威嚇力を形成する」

すでに、中国は「改革開放路線」から「規制と統制路線」に舵を切りました。戦狼外交を根拠づけるため、２０１０年以後、中国が成立させ、施行した一連の法律については後で説明します。

「２０１９年度国防権限法」で対中政策を大転換したアメリカ

中国による機微技術や軍民両用技術の窃取に対抗する手段として、アメリカでは「２０１９年度国防権限法」に盛り込まれるかたちで、輸出管理改革法（ＥＣＲＡ）と外国投資リスク審査近代化法（ＦＩＲＲＭＡ）が成立しました。国防権限法は、国防予算の大枠を決めるためにアメリカの議会が毎年通す法律です。２０１９年度国防権限法は、対中姿勢の一大転換点になりました。特定の国を名指ししているわけではないことを指摘しておきますが、事実上、中国に対する規制を強めることを目的とした法律であることは明らかです。

２０１９年国防権限法の狙いは次のようなものです。

ＦＩＲＲＭＡは、これまでのアメリカの外資規制であったＦＩＮＳＡ（The Foreign Investment & National Security Act of 2007）を強化したものです。ＦＩＮＳＡでは、対米

外国投資委員会（ＣＦＩＵＳ）が審査する対象は、外国企業がアメリカの企業の経営権を取得する場合に限られていました。ＣＦＩＵＳは、少数株式の出資や業務提携などは審査していなかったのです。ＦＩＲＲＭＡが施行され、ＣＦＩＵＳの審査対象は、重要技術、インフラ、機微な個人情報などを扱うアメリカで営まれている事業（Technologies, Infrastructure, sensitive personal Data US BUSINESS：ＴＩＤＵＳビジネス）に拡大されました。

経営権取得を伴わない投資（Non-Controlling Investments）でも、一定の条件に該当するものを審査対象としました。外国人による不動産取得にも規制を設け、ＣＦＩＵＳの審査項目も大幅に増えました。詳しくは、前著『経済安全保障リスク』（育鵬社）をご覧ください。

この２０１９年度国防権限法は日本企業を対象とするＭ＆Ａにも大きな影響を及ぼします。外資企業が日本企業へＭ＆Ａ（企業の合併や買収）を仕掛けたとしましょう。Ｍ＆Ａ対象となる日本企業が、アメリカ国内に現地法人を所有している場合、この日本企業へのＭ＆Ａは「対米外国投資委員会（ＣＦＩＵＳ）」の審査対象になります。これを利用するのです。例えば、中国企業が日本企業を買収しようとしても、その日本企業がアメリカに法人を持っていれば、このＭ＆Ａ自体がＣＦＩＵＳによる審査の対象となります。私は、中国に狙われそうな技術を持つ日本企業は、アメリカに子会社を設立することをすすめています。

米中対立は新たな局面に突入した

トランプ政権誕生以来、米中対立がいっそう先鋭化し、アメリカでは中国を意識した新しい法律が多数施行されました。トランプ政権時代、アメリカの議会は一貫して対中強硬姿勢であり、政府に圧力をかける構図になっていました。トランプ前大統領のディール指向が強い部分を、アメリカ議会が牽制し、強硬措置を迫ることもありました。対中強硬姿勢は、バイデン大統領になっても変わりません。２０２１年3月、就任以降初めての記者会見に臨んだバイデン大統領は、米中対立を「専制主義（autocracy）と民主主義（democracy）との対立」と述べました。

アメリカの対中強硬姿勢の背景には、独裁国家中国が力による世界秩序の変更を実現するため、軍民融合政策等を使い、アメリカを上回る軍事力を保有することを目指していることや、新疆ウイグル自治区、チベット、南モンゴルにおけるジェノサイドへの怒りがあります。かつて、アメリカは中国製品を受け入れました。アメリカが中国の経済成長を促すことで、自由で開かれた中国市場が実現し、アメリカにとって有望な市場になり、政治的にも民主化が進むだろうという期待をしていました。しかし、アメリカの期待は裏切られたのです。アメリカは、独裁国家中国が西側諸国の民主主義、自由貿易体制にただ乗りしながら、独裁政治を前面に押し出し世界に影響力を浸透させていることを拒絶しているのです。

アメリカの調査機関であるピュー・リサーチセンターが、2021年6月30日に行った世論調査では、中国に対し「否定的な見方」を示したアメリカ人は76%と、四分の三以上になりました。98万人以上のアメリカ人が、武漢ウイルスのパンデミックにより、命を奪われた(2022年4月時点)ことも影響があると思います。どれだけの日本人が、この対立が単なる「覇権争い」ではないことに気づいているでしょうか。

この世論をすくい上げた連邦議会が政府を突き上げ、「ウイグル人権法」「外国企業説明責任法」などを成立、施行させました。アメリカの下院は、2022年2月、包括的な中国対抗法案「America COMPETES Act of 2022」を可決しました。上院は、既に2021年6月に「合衆国イノベーション競争法案」を可決しています。本書執筆(2022年4月)

時点では、上下両院の合同委員会が設立され、両法案の違いを調整中です。調整後の法案があらためて両院で可決され、バイデン大統領が署名して成立するのは時間の問題です。

こうしたアメリカの動きに対抗するため、中国・習近平政権は「国家情報法」などを手始めに、「中国版輸出技術管理リスト」をベースにした「輸出管理法」「反外国制裁法」「データ安全法」「個人情報保護法」などを立て続けに施行してきました。その詳細は改めて述べますが、要するに、米中対決戦線は拡大する一方なのです。

私は前著『経済安全保障リスク』（育鵬社）で、中国のただ乗り（フリーライド）に焦点を当て、中国が他国の〝軍事転用ができる技術〟を盗み出す手口を紹介しました。日本をはじめとする外国企業との合弁会社を経由して盗む手口、それに人民解放軍系の七つの大学が提携する日本の大学・研究機関に留学生という名目でスパイを送り込み学術研究のかたちで盗み取る手口の二つを中心に紹介しました。２０２１年は、それらへの対抗措置に加え「金融市場」を通じた資金調達の封じ込めや独裁国家で行われる人権侵害行為への制裁などが新たに加わりました。

金融市場での対応としては、トランプ前大統領は大統領令（１３９５９号）で、法人、個人を問わずアメリカの投資家が中国軍関連企業が発行する有価証券への投資を禁止し、それら企業が資金調達をすることを封じました。アメリカの資金が中国軍関連企業へ流れることを断ち切る資金提供規制に踏み込んだわけです。バイデン大統領は、この方針を継承し、新しい大統領令（14032号）を出しました。これら2つの大統領令の違いおよび外国企業説明責任法については、後で説明します。

日本には、こうした法律がなく、金融市場での対策は十分ではありません。日本版外国企業説明責任法がないと、投資家を保護できませんし、軍産複合体企業の上場や株取引を禁止する法律もないのです。

日本企業の活動にも影響する「ウイグル人権法」改正

これから日本企業の経済活動に人権侵害関連の規制や制裁の影響が及ぶ場面が増えていくことになります。アメリカはかねてから、中国政府が、チベット人やウイグル人を弾圧していると批判してきました。アメリカは2020年12月に「チベット人権法」を成立させています。その主な内容は、①中国がチベット仏教最高指導者ダライ・ラマ14世の後継者選定に介入した場合は制裁を検討。②中国がチベット自治区ラサにアメリカの領事館設置を認めない限り、中国による新たな在アメリカ領事館設置を承認しない――などです。

２０２０年6月、イスラム系少数民族ウイグル人への人権弾圧に関与した中国の当局者への制裁を行うための法律「ウイグル人権法」が成立しました。これはアメリカ政府に対し、ウイグル人への弾圧や人権侵害に関わった人物のリストを作成して議会に報告するよう求め、それらの人物にビザ（査証）発給の停止や資産凍結などの制裁を課せるようにする内容でした。２０２１年12月には、これが改正され、人権侵害行為に「強制労働」が加わりました。

新たなウイグル人権法では、制裁の対象となる強制労働が含まれる人権侵害行為について「実質的に支援、又は財政的、物質的、若しくは技術的な支援、製品、若しくはサービスを提供」した者については、非米国企業・人（例えば日本企業・日本人）であっても制裁を課すという規定が加わりました。類似した制裁は、ＥＵやイギリスでも導入されました。

アメリカの外国資産管理局（Office of Foreign Assets Control：ＯＦＡＣ）は、外国資産管理法（Foreign Assets Control Regulations）に基づいて、アメリカが指定した国・地域や特定の個人・団体などをＳＤＮ（Specially Designated Nationals and Blocked Persons）リストとして公表しています。ＯＦＡＣが外国資産管理法を執行していることから、この規制を

OFAC規制と呼びます。このSDNリストに記載されると、米ドル建て取引が禁止されたり資産が凍結されたりするなどの制裁が行われます。

OFACはウイグル人権法違反として新疆ウイグル地区公安局、軍関連の「新疆生産建設兵団」や、それらの幹部を二次制裁しました。

例えば、日本企業U社がウイグルの強制労働に実質的に関与し、ウイグル人権法に違反したとします。OFACによりU社がSDNリストに掲載されると、U社が米ドル建て取引を金融機関から拒否されることが想定できます。こうした企業の生き死にを決めるリスクを、まだ日本企業は理解していないか、あるいは軽視しているのです。

ウイグル人権法の改正と同時に成立したのが「ウイグル強制労働防止法」です。新疆ウイグル自治区産出の、例えば綿花や農産物などをアメリカへ輸入する場合に、強制労働が存在していないことを立証する等の一定の条件を満たさないと、新疆ウイグル自治区産出品を輸入できません。コカ・コーラやナイキ、アップルなどのグローバル企業がこの法案に反対しロビー活動を行っていましたが、アメリカの議会は圧倒的多数で可決しました。

日本企業のウイグル人権法への対応は、第4章で説明します。

「人権問題」は後の章で詳述しますが、新疆ウイグル自治区は、綿花のほか、トマト、太陽光パネルに使われるポリシリコンの一大生産地です。特にポリシリコンでは、世界生産の7割から8割はウイグルが供給しています。ウイグル産のトマト不使用を鮮明にしたのはカゴメです。ワシントンを拠点とする非営利団体C4ADSによると、デルモンテ、ユニリーバ、ネスレ、UFCニュートリアジアは、過去2年間に、中国の強制労働計画に関与しているとされる会社「コフコトゥンへ」から数千トンのトマトペーストを購入したといいます。トマトペーストは、新疆ウイグル自治区から東南アジアの工場に出荷され、スパゲッティソースとケチャップとして加工された後、フィリピン製品、インド製品、またはパキスタン製品の国産ラベルで輸出されました。ラベルのどこにも、新疆ウイグル自治区や中国のトマトの使用については言及されていませんでした。

強制労働で生産された新疆産のトマトの製品を使用することは、その企業が強制労働のサプライチェーンの一部であり、強制労働の恩恵を受けていることになります。これではいまや、「道徳的な羅針盤が欠落している」と言われても仕方ない状況なのです。

粉飾決算がきっかけで成立した「外国企業説明責任法」

２０２１年は、人権侵害関連の規制や制裁の影響が企業の経済活動に影響するようになったことに加え、アメリカが資金調達規制に本格的に取り組んだ年でした。

「ラッキンコーヒー事件」を覚えている方も多いと思います。中国版スターバックスと呼ばれた中国企業が架空売り上げ、架空経費を計上し粉飾決算をした事件です。コーヒーの回数券を大量に販売して売上を過大計上したのですが、内実は同社の経営陣がコーヒーの回数券を買っていたのです。

同社はアメリカのナスダック市場に上場していました。架空売り上げを指摘する内部告発文書が舞い込み、粉飾決算が明るみに出ました。当初、会社側は粉飾決算を否定しましたが、結局は認めざるを得なくなって、ナスダックを上場廃止になりました。

投資家は、会社側の決算を真正なものとして信用し、投資します。しかし、同社の売り上げや利益を信用してついていた株価は、粉飾決算が明るみに出て大暴落しました。大損害をこうむった株主からは集団訴訟の動きまで出たのです。最後は和解で終わりましたが、ナスダック追放（上場廃止）というのは当然の報いです。

これを契機にできたのが「外国企業説明責任法」です。2020年、トランプ政権下で成立した法律です。米国の証券取引所に上場する外国企業に、外国政府の支配・管理下にないことの立証義務を課すとともに、米国公開会社会計監督委員会（PCAOB）が監査を実施できない状態が3年連続で続いた場合、当該企業のアメリカ証券取引所での取引を禁止する内容となっています。この法律が中国系上場企業を念頭においたことが明らかなのは、情報開示項目の中に「外国政府による（当該企業の）所有権または支配権の有無、取締役会メンバーに含まれる中国共産党員の氏名、会社の定款に中国共産党規約の内容が記載されているかどうか」などが含まれていることからもわかります。

問題は、中国政府が長年、監査書類を国家機密とみなし、アメリカで上場する中国企業がアメリカの規制当局に監査内容を開示すると、国家の安全保障を危険にさらす可能性があると考えていることです。また、「騙されるほうが悪い」という風土の中国企業には、会計ルールに則り、適正で第三者からの検査に耐えられる会計帳簿を作成することは、なかなか理解を得にくいのかもしれません。「騙されるほうが悪い」という考え方は、同じ価値観を共有する中国国内の証券取引所なら通用するかもしれません。しかし、日欧米の上場企業は、会計ルールに基づいた処理を行い、監査法人が適正と認めた結果を投資家に開示しています。投資家は上場する企業から開示される財務資料を真正なものとして扱います。

事実、これまで50以上の国や地域がPCAOBの検査に協力したのですが、中国と香港の2カ所が、PCAOBによる検査に反発しているのです。投資家保護の観点からもPCAOBが会計監査をし、それが適正であることを確認することが必要なのは言うまでもありません。

アメリカの資本市場で中国切り離しが始まる

上場廃止リミットの2024年までに中国企業が監査を受ける可能性は少なく、いまのところ、アメリカに上場しているすべての中国企業の上場廃止は、「より高い確率のシナリオ」になっています。ついに、資本市場におけるデカップリング（切り離し）が始まるかもしれません。

米中経済・安全保障審査委員会（USCC）の報告書によると、2020年10月時点でアメリカの主要な証券取引所に上場している中国企業は217社で、市場から合計2兆2

000億ドル（275兆円＝1ドル125円として計算）を調達しています。アリババや百度（バイドゥ）といった中国の大企業も含まれます。

PCAOBのまとめによれば、2019会計年度の時点で、アメリカに上場する中国企業178社および香港企業56社が要件を満たしていなかったそうです。

「外国企業がアメリカ証券市場で株式を公開したいなら、その企業の会計監査法人は（PCAOBの監査を受け入れるという）アメリカのルールに従わなければならない」と、SEC（米証券取引委員会）のゲンスラー委員長は強調し、「外国政府はPCAOBに協力し、それを実現するための行動を取ることを望む」と述べています。

これに対して中国の証券監督管理委員会（証監会）は、会計監査法人の国境を越えた監督に関する米中当局の共同作業の具体案をPCAOBに示しましたが、PCAOBは「アメリカ側の監査権限を制限するもの」として受け入れませんでした。その後も何度か協議されましたが最終的にまとまらず、この結果、中国企業273社に「上場廃止」リスクが訪れています。

そしてSECは2021年3月、中国でKFC（ケンタッキー・フライドチキン）やタコベル、ピザハット等を運営する「ヤムチャイナ」が、上場廃止の危機に直面していることを発表しました。帳簿の全面開示を要求したのに応じなかったからです。

ヤムチャイナ以外にも、半導体洗浄ツールのACMリサーチやバイオ医薬品のザイ・ラボなども上場廃止リスクがある273社のリストに加えられています。これらの企業が今後もPCAOBに対して必要な開示をしなかった場合、2024年までにアメリカ市場から強制的に上場廃止となり、合計で1兆1000億ドルの時価総額が失われることになると試算されています。この発表を受け、アメリカ上場の中国株は大幅に下落し、ナスダックも10％急落、2008年以来最大の下げ幅を記録しました。ヤムチャイナの株価はニューヨーク市場で11％下落しています。ヤムチャイナもニューヨークと香港で二重上場していますが、売買高の90％以上はアメリカ市場です。

そして近い将来、アメリカに上場する200社以上の中国企業が上場廃止になるとの見方もあります。

中国企業がアメリカ市場での資金アクセスを失うことは、大きな痛手となるはずです。近年はEコマース大手のアリババからゲーム開発会社のネットイースまで、多くの中国企業が香港で二重上場を果たしていますが、香港での株式の売買高は比較的少なく、アメリカ株式市場の重要性を無視するわけにはいかないのです。

そこでいま、中国の主要企業はアメリカと香港の重複上場に躍起です。アメリカから追放されたときに香港を舞台にできるように動いています。つまり、外国企業説明責任法によって、中国企業は非常に厳しい立場に立たされたわけです。

「世論戦」も始まりました。中国証券監督管理委員会は２０２２年３月、ＰＣＡＯＢとの協議は継続されるとコメントしましたが、ＳＥＣのゲンスラー委員長は、中国企業約２０0社の上場廃止の回避に向けた合意が間近になっているとの観測を打ち消し、アメリカに上場する中国企業がアメリカの監査を完全に順守する場合のみ、アメリカ国内市場での取引継続が認められることを示唆しました。また、ＳＥＣは上場廃止となり得る企業の暫定リストの公表を開始しました。公表された最新リストには、百度（バイドゥ）や富途控股（フトゥコングゥ）、愛奇芸（iQiyi）などが含まれています。ゲンスラー氏は、妥協できる余地は外国企業説明責任法により限られていると指摘しました。４月、中国の証券監督管理委員会が、ＰＣＡＯＢが中国で行う調査・検査には、中国が必要な援助を提供する一方、外国上場の中国企業には機密情報の適切な管理と国家情報安全への協力を求めている状況です。「騙されるほうが悪い」という価値観を持つ中国を相手に交渉がまとまるかどうかは不透明な状況です。

このように、SECと証券監督管理委員会とのせめぎあいが続いており、本書執筆時点では、決着は見えていません。しかし、証券会社の手数料が減ろうとも、監査内容の検査を拒否し、投資家保護を軽視する企業は、証券市場から追放されるべきです。

大統領令の狙いは中国軍産複合体企業の資金調達阻止

トランプ前大統領は大統領令13959号で「軍産複合体企業」への投資規制を導入しました。アメリカ市場に上場する中国軍関連企業が社債などを発行し資金調達をしていました。2021年2月4日のロイターの報道によると、これらの社債が通常の企業社債より2パーセントほど高い金利だったので、投資家が飛びつきました。

しかし社債を買えば、アメリカの資金が中国に流れていくことになります。それが軍事利用されてアメリカ軍を打倒する資金源になる。「これはおかしい」ということで、トランプ政権が国防総省を主管官庁に据えて、法人、個人を問わず、すべてのアメリカの投資家が軍産複合体企業の有価証券を売買することを禁止しました。

政権が民主党に移っても、バイデン大統領は方針を引き継ぎました。大統領令1403

２号で、主管官庁を国防総省から財務省外国資産管理局（ＯＦＡＣ）に変更し、ＯＦＡＣ規制で経済制裁措置を講じることにしたのです。ＯＦＡＣ規制が、アメリカが指定した国・地域や特定の個人・団体などについて、米ドル決済禁止や資産凍結などの経済制裁措置を講じることになるのは、ウイグル人権法の箇所で説明した通りです。

大統領令では、法人と個人を問わずアメリカのすべての投資家が、中国の軍産複合体企業が発行する有価証券の取引を禁止されるので、仮にアメリカで上場する中国企業が、香港に逃げて上場しても、アメリカの投資家とは取引ができなくなります。アメリカはそうやって中国の資金の流れを遮断しようとしているのです。現在、中国軍産複合体企業として68社が挙げられていますので、この68社のリストを掲載します（Ｐ84〜86図表２）。こうして、アメリカは中国の軍産複合体企業の資金調達を断ち切りました。

ちなみに、日本にはこれに類する法律は一切ありません。アメリカの投資家は中国の軍産複合体企業の社債は引き受けられませんが、日本の投資家は買えるのです。これに対する手当がまったくないのは問題だと、私は提言したい。日本が中国の軍事企業による資金調達の抜け道になってはいけません。

「変動持ち分事業体（VIE）」というトリック

ここからの話はちょっと複雑なのですが、ソフトバンクの「アリババの投資」に関する危険性につながりますので、お読みください。これも「中国リスク」の具体的な一例です。

米中対立の中で、グレーゾーン扱いである変動持ち分事業体（Variable Interest Entities：VIE）の扱いが微妙に変わってきました。中国政府は情報通信、教育などの分野で外国資本の参入を規制（外資規制といいます）しています。中国企業がこの外資規制をくぐり抜けてアメリカなどの海外市場に上場し、アメリカの資本市場から資金を調達するために考案されたのが「VIEスキーム」という仕組みです。アリババ、ピンドゥオドゥオ、京東集団（JDドットコム）をはじめ中国の巨大企業がVIEスキームを軒並み採用しており、2021年7月、日本経済新聞は「その時価総額は計約1兆6200億ドル（約180兆円）に達する」と報道しています。

日本とアメリカでは、投資先を連結するかしないかの判定ルールが違います。日本では、投資先を連結する上での判定は、支配力基準（議決権基準＋実質的な判断）を用います。と

図表3　VIEスキーム

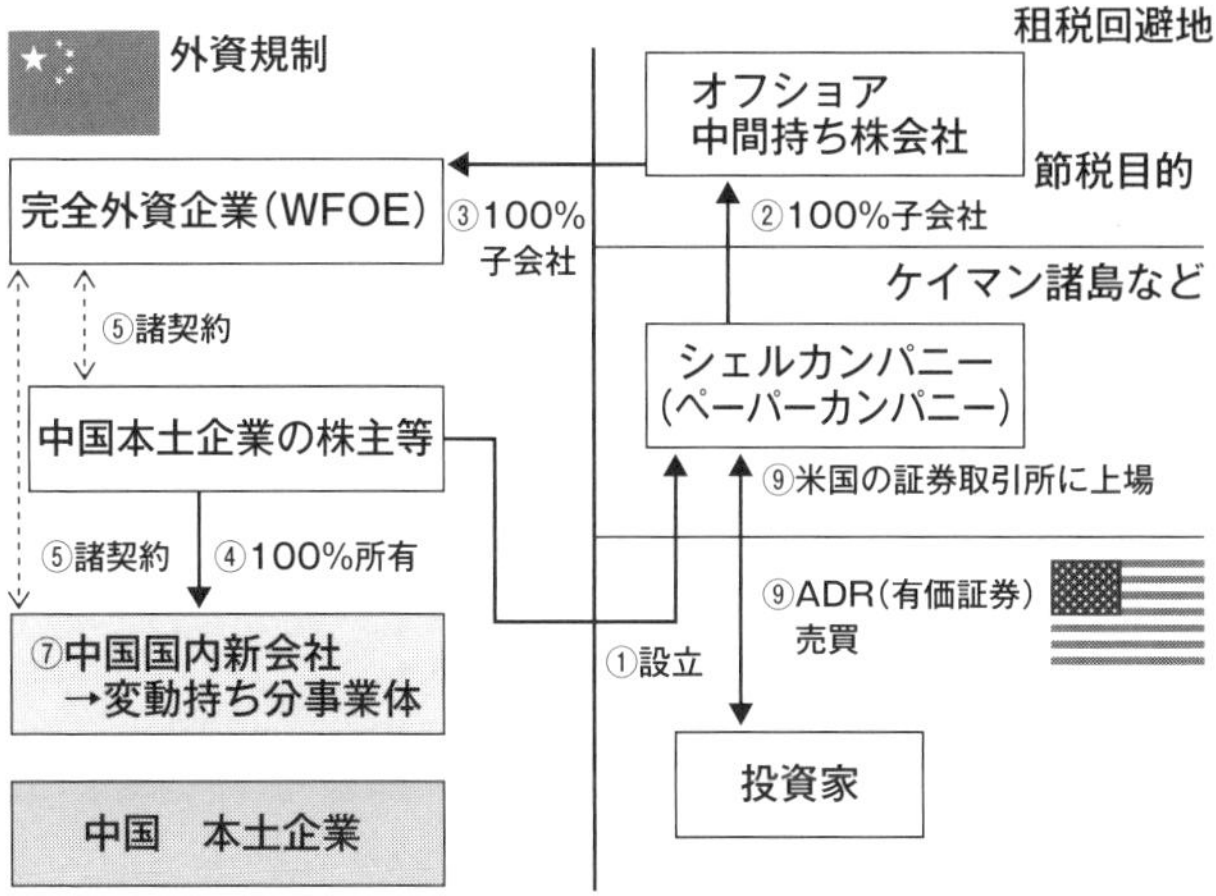

ところが、アメリカでは、投資先を連結する上での判定方法が2つあります。それが「議決権による連結（VOEモデル）」と「変動持分を基礎にした連結（VIEモデル）」です。

アメリカの連結決算ルール（VIEモデル）では、外国人投資家がすべての議決権をもつ会社（完全外国資本会社）が、資本関係がなくても、契約上実質的に中国で実際に事業を行う会社（中国事業会社）を支配していれば、完全外国資本会社は中国事業会社を連結決算することが認められています。

複雑なVIEスキームを図を使い説明します。

①事業実体のある中国企業の経営陣や中国国外の投資家らが共同で、ケイマン諸島

などにペーパーカンパニーを設立登記します。このペーパーカンパニーを〝シェルカンパニー〟と呼びます。

②シェルカンパニーは、香港やヴァージン諸島などの租税回避地に、税金面での優遇処置を受けるための子会社を設立します。この子会社を〝オフショア中間持株会社〟と呼びます。

③オフショア中間持株会社は、中国国内に完全外国資本会社（Wholly Foreign-Owned Enterprise：WFOE）を設立します。シェルカンパニーと中間持ち株会社は中国国外にあるので、中国国外から中国国内への投資という形になり、中国国内の税金面優遇などを受けることになります。

④事業実体のある中国企業の経営陣は、中国国内に新会社を設立します。この新会社の持ち主（株主）は、外資規制のため中国人に限定されます。この新会社を〝中国国内新会社〟と呼びます。中国国内新会社は、インターネットサービスを行い、事業実態のある会社です。シェルカンパニー→中間持ち株会社→WFOEと中国国内新会社との間には、何の資本関係もありません。

⑤WFOEは事業実態のある中国国内新会社との間で、「独占的技術コンサルティング

及びサービス契約」等を締結します。同時に、ＷＦＯＥは、事業実体のある中国国内新会社の持ち主との間で、「ローン契約」「持分に関する質権設定契約」「コールオプション契約」「投票権契約」等の契約を結びます。

⑥アメリカの会計ルールである「変動持分を基礎にした連結（ＶＩＥモデル）」を利用して、ＷＦＯＥは資本関係のない中国国内新会社を連結決算の対象にします。前述の諸契約は、ＷＦＯＥに所有権を与えずに支配権を与えるように設計されていますので、アメリカの変動持分を基礎にした連結会計ルールにより、ＷＦＯＥは中国国内新会社をあたかも資本関係がある子会社のように連結会計処理するのです。

⑦これらの諸契約が結ばれた時点で、中国国内新会社は、ＶＩＥ（変動持ち分事業体）に変身します。ＶＩＥ自体は中国人だけが所有するので、外資規制のある業界でも、引き続きライセンスは有効です。

⑧投資家が提供したシェルカンパニーの資金は、中間持ち株会社を経由し、その子会社であるＷＦＯＥに渡ります。⑤の「ローン契約（金銭消費貸借契約）」により、ＷＦＯＥに渡った現金は、ＷＦＯＥにより株式の所有ではなく貸付の形をとり無利息でＶＩＥの持ち主へ渡ります。ＶＩＥが利益を上げると、ＶＩＥはその持ち主に配当金を支

図表4　ＶＩＥスキーム（利益の還流）

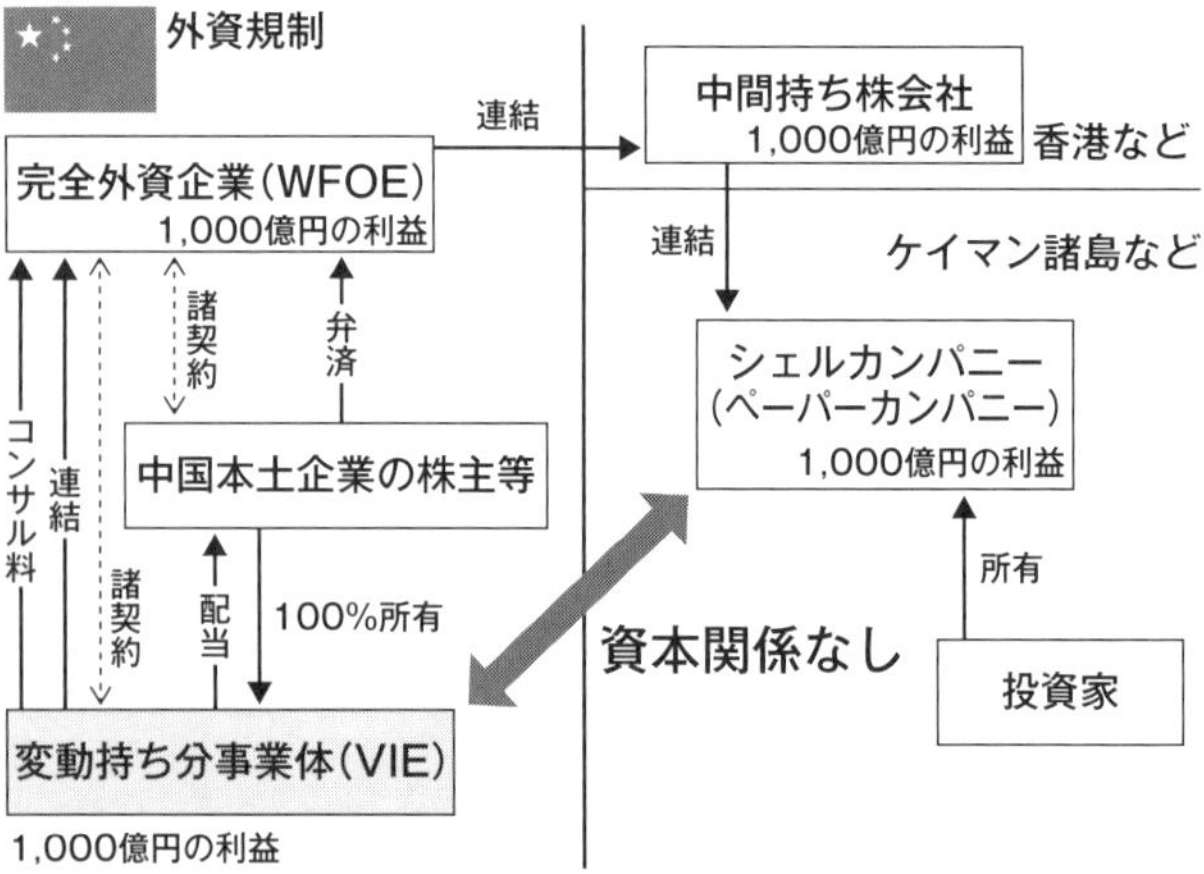

払います。ＶＩＥの持ち主は、配当金を使い、ＷＦＯＥから借りた金を弁済します。ＷＦＯＥとＶＩＥとの「独占的技術コンサルティング及びサービス契約」は、ＷＦＯＥがＶＩＥへ技術面、管理面、設備面などで役務を提供する見返りにＶＩＥからのコンサル料を受け取る形で、ＷＦＯＥに現金を戻すために利用されます。ＷＦＯＥがＶＩＥの持ち主及びＶＩＥから弁済された現金は、費用などが調整された後、シェルカンパニーに戻り、シェルカンパニーがその持ち主（株主）に支払う配当の原資になります。これが典型的なＶＩＥスキームの資金の流れです。

⑨諸契約によりＶＩＥと連結会計された

シェルカンパニーは、海外の証券取引所に上場申請します。アメリカの場合、米国預託証券（American Depositary Receipt：ＡＤＲ）という仕組みを使い、証券取引所で取引されます。ＡＤＲとは、米国以外の国で設立された企業が発行した株式を裏付けとして米国で発行される有価証券のことです。ＡＤＲそのものは厳密には株式ではありません。米国の証券取引所で投資家が売買している有価証券は、中国国内の事業実態があるＶＩＥの株式ではありません。ＶＩＥスキームを利用した米国の証券取引所に上場したシェルカンパニーが発行するＡＤＲです。これがＶＩＥスキームです。

ＶＩＥスキームを利用した株式の注意すべき事柄

ＶＩＥスキームを利用した株式の注意すべき事柄は以下の通りです。

アメリカの連結会計ルールを利用したＶＩＥスキームでは、シェルカンパニーが発行する有価証券の所有者は、事業実態のあるＶＩＥへの経営関与ができません。なぜなら、シェルカンパニーの孫会社であるＷＦＯＥとＶＩＥとの間には諸契約による支配関係があるだけで、資本関係はないからです。ですから、ＶＩＥスキームを利用した会社が発行する有価証券に投資するということは、投資先の経営関与には関心がなく、株式配当などの経済的利益を求める年金ファンドのような投資家が投資するものと考えてください。

ＷＦＯＥとＶＩＥ、ＷＦＯＥとＶＩＥ所有者との間で締結される諸契約は、所有はしないが支配する様に設計されています。このため、外国人投資家にはＶＩＥの所有権がないにもかかわらず、あたかも、外国人投資家にＶＩＥを所有しているように思い込ませ、誤解を生じてしまいます。このため、シェルカンパニーは、株主から訴訟されないために、目論見書で、「契約上の取り決めは、直接所有権ほど運用管理を提供するのに効果的ではない可能性があります」、「中国の法制度の不確実性により、契約上の取り決めを執行する能力が制限される可能性があります」といった警告を何度も記載するのです。

ＶＩＥスキームのリスクとは、シェルカンパニーの株式価値（株価）が、ＷＦＯＥとＶＩＥとの間、ＷＦＯＥとＶＩＥの持ち主との間で締結される契約合意に左右されることです。例えば、ＶＩＥの持ち主がＶＩＥから重要な資産を他に移転してしまった場合、ＶＩＥと資本関係のないシェルカンパニーの株主は、契約上の権限を執行できなくなります。

扱いが微妙になったＶＩＥ

米中対立の先鋭化に伴い、このＶＩＥスキームの扱いが、変化していることに注意が必要です。

ＶＩＥスキームを使い米国の証券取引所に上場することが合法であるにもかかわらず、アメリカ議会の「米中経済・安全保障調査委員会」は、２０１４年９月、ＶＩＥスキームを利用した中国企業の米国上場などを防ぐための法律を制定するよう要求しました。

これに対し２０１５年、中国国務院商務部は「外国で登記されたシェルカンパニーが中国の投資家によって実質的に支配されている場合、ＶＩＥは事業を継続できる。そうでない場合、事業を継続するために中国の規制当局に承認を求める必要がある」との見解を出し、ＶＩＥスキームを容認しました。株式市場はＶＩＥスキームが米中両政府により黙認されたと受け止めたのです。

２０２０年１月から中国では外商投資法が施行されましたが、この法律にはＶＩＥスキームに関する条項が含まれていません。「外商投資法がＶＩＥストラクチャーに適用されるとなれば、実質的支配の具体的な状況により、VIEストラクチャーは外商投資法に抵触する可能性がある」と注意喚起を行う弁護士もいるのです。

2021年7月、アメリカSECのゲーリー・ゲンスラー委員長は、「米国の投資家はVIEスキームに投資するリスクを認識する必要がある」「中国を拠点とする企業のVIEは、他の組織構造にはないリスクを米国の投資家にもたらす」と述べ、中国企業はVIEスキームを利用した株式上場を行うにあたり、より多くの情報を開示する必要があると警告したのです。

同年9月、ゲンスラー委員長は米国の投資家に対し、再び、以下の警告を発しました。

(1)中国政府が、VIEは外商投資法などの中国の国内法に違反していると判断した場合にはリスクに晒されること
(2)あらゆる契約を執行する際に中国の司法権が適用され得ること
(3)VIEの所有者と米国の株主との間で生じる利益相反の影響を受ける恐れがあること

一方で、中国政府はVIEスキームに対する監督を強化し、中国企業の海外上場規制を強化し始めました。

２０２１年６月、中国の滴滴出行が、中国政府の意向を無視して、ニューヨーク証券取引所に上場しました。この上場をきっかけに、中国国内のデータが海外に流出することが、中国で２０１７年に施行されたインターネット安全法、２０２１年に施行された中国データ安全法、個人情報保護法に違反する可能性があることがクローズアップされました。

２０２１年７月、中国国務院は、「法に基づき証券違法行為を厳重に取り締まる意見」を発表し、海外で上場する中国企業への規制を強化する方針を明らかにし、「ＶＩＥスキームを利用した株式に対する監視・監督の強化」を打ち出しました。データ安全法、個人情報保護法に対応し、ＶＩＥスキームがもたらす中国国外への情報流出リスクに対する対応を確実に実施することが明示され、関連する監督管理制度体系の整備推進も行う方針が明らかにされました。

データ安全法、個人情報保護法は米中対立の先鋭化を反映したデジタル安全保障対策ですので、データの収集や中国国外への移転規制厳格化措置も含まれ、海外上場を計画する中国企業にも適用されます。

２０２１年12月、ＳＥＣはアメリカの証券取引所に上場する外国企業向けの新規則にＶＩＥの情報開示の強化を盛り込みました。

これに対し、2021年12月、中国国務院と証券監督管理委員会は、中国企業の海外上場の監督を強化する新しい規則案を公表しました。証券監督管理委員会が国家安全に危害を与えると判断した企業は海外上場を認めず、VIEスキームを事実上の許可制にしたのです。2015年に中国国務院商務部が出したVIEスキームを黙認する見解内容とは明らかに変わりました。VIEスキームは、米中の規制措置の標的となり、金融市場はデカップリングに向かいつつあります。中国政府の裁量で、VIEスキームが違法になる可能性があり、今後の中国政府の措置次第では、VIEスキームを使う中国企業の株価に重大な影響を及ぼす事態になったのです。後述しますが、実はここにソフトバンクの投資の問題がからんできます。

「競争法」成立に向かうアメリカ

米中の牽制合戦は激しさを増しています。本章に書いたように、2021年6月にアメリカの上院は、「合衆国イノベーション競争法案」を可決しました。一方、アメリカの下院は、2022年2月、包括的な中国対抗法案「America COMPETES Act of 2022」を可決しました。２０２２年4月時点では、上下両院の合同委員会が設立され、両法案の違いをすり合わせています。調整後の法案が改めて両院で可決され、バイデン大統領が署名して成立する見通しです。

すりあわせが済んでいませんが、合衆国イノベーション競争法案とAmerica COMPETES Act of 2022の要点を紹介します。下院案は12項目から構成されます。A：半導体支援関連、B：リサーチとイノベーション関連（米国の科学技術機関における様々な科学技術研究支援）、C：エネルギーとコマース関連（様々な技術と産業レベルの政策とプログラム）、D：米国の外交政策関連（中国に対抗するための政策）、E：監視改革関連、F：国土安全保障関連、G：金融サービス関連、H：資源関連、I：司法関連、J：教育労働関連、K：通商関連（米国労働者貿易競争力法）、L：交通・インフラ関連。

サプライチェーン強靭化では、商務省に新組織を設置し、サプライチェーンを強化するための政府の取り組みをリードします。アメリカに重大な経済的または国家安全保障上の脅威をもたらす国々を含む懸念国から製造施設を移転するために資金を使うことができるとし、脱中国の金銭的支援も盛り込まれています。上院で可決された合衆国イノベーション競争法案にも類似の内容が盛り込まれています。それは、中国からの撤退や、サプライチェーンの組み替えなどで、アメリカ企業が中国工場を閉鎖して、自国や中国以外の地域、例えば東南アジアなどに製造拠点を移したりすることを支援するという内容です。

香港人への難民地位を提供することや香港警察を対象とする弾薬を輸出禁止することも盛り込まれました。この内容も合衆国イノベーション競争法案に含まれています。

競争法案では、新たに「国家重要能力委員会」を設立し、アメリカ国外への直接投資や重要物資のサプライチェーンが海外へ移転するような取引をこの委員会に報告させ、これを審査対象とする仕組みの導入が盛り込まれています。国内での半導体その他の重要製品、サプライチェーンの構築のために巨額の支援を行う一方、その海外移転について規制がないのはおかしいという理由によります。アメリカの産業界は、この部分に猛反対をしています。

本章で説明した外国企業説明責任法の規定、つまり、アメリカに上場する外国企業に対する監査情報等の当局への開示義務を履行しない場合、上場廃止措置に規定された3年の猶予期間を2年に短縮する内容も盛り込まれました。

上院で可決された合衆国イノベーション競争法案では、法案全体の約4割を対中国への施策が占め、「中国による悪意のある行為」を7つあげています。

①知的財産の盗難、②サイバー関連の経済スパイ、③少数民族の抑圧、④強制労働およびその他の人権侵害、⑤国際貿易システムの乱用、⑥北朝鮮政府への不法な援助や北朝鮮政府との貿易、⑦麻薬密売行為

アメリカは、これらに対して「断固たる制裁を行う」と明言し、同時にデジタル安全保障も重視しています。そして「サイバーセキュリティを損なう重大な行為」を3つ定め、それを実行した者には〝厳しい報復〟を警告しています。報復手段の中には「制裁対象企業・団体が関連する銀行業務の停止」が含まれ、この手段で報復されると、ドル送金やドルとの交換が停止されます。つまり国際間ビジネスが不可能になるのです。

2022年4月時点では法律としてまだ成立はしていませんが、この法案が成立すれば、米中対立がさらに高まることは確実です。

西側諸国に反撃を開始した独裁中国

西側諸国が中国による技術窃取や軍事転用に規制をかけ始めたので、中国はそれに対抗するように、西側諸国を牽制する法律を次々と成立させています。代表的な法律とそのビ

ジネスリスクは以下のようなものです。

1 「国防動員法」：有事には外国企業の在中資産接収を可能にする

中国政府が有事と決めた場合、中国国内のさまざまなものを徴用することを正当化するための法律です。国防動員法が発動されると、中国に進出している日本企業が直面する主なビジネスリスクは、以下の通りです。

台湾有事や尖閣を含む沖縄有事が現実味を帯びています。例えばトヨタ自動車ですが、2021年3月期は4256億円の営業利益を中国で上げています。そして10以上の生産会社を持っています。そのトヨタ自動車を始めとする中国に進出している日本企業は、中国の国防動員法が発動されたときに起きる以下の事態にいまから備えることが必要になります。

①日本企業の在中資産（工場や事務所、倉庫、車両、製品その他資産、設備、装置、資材など）が差し押さえられたり徴用されたり凍結されたりする事態（国防動員法54条）。なお、この徴用や凍結を拒否することはできません。（同55条）

②物流機能の停止、インターネット等情報ネットワークの遮断、国際航空便、国内航空便の停止、輸出入貿易の停止、税関規制、交通制限、立ち入り禁止区域の設置、経営

活動の停止、勤務時間制限、商業免許停止・剥奪、許認可の取り消し、各種行政規制の発動などで、中国現地法人の経営、業務が一時的にまたは長期的にできなくなる事態（同63条）

③中国の銀行口座凍結や金融資産接収のほか、売掛金放棄を強いられる事態（同63条）

④在中日本企業の日本人経営幹部、駐在員、出張者が一時的、長期的に中国から出国できなくなる可能性（同63条）。ちなみに、帝国データバンクによると、中国（香港・アモイを除く）に進出している日本企業は、２０２０年1月時点で約1万３６００社で約11万６０００人います。これら日本人が、拘束されたり行方不明になったりすることが想定されますので、いまから駐在員を減らす努力が必要です。

⑤人民解放軍に参加したり銃後の業務で欠勤したりする者がいても、日本企業の中国法人はこれらの中国人を支持・協力し、任務遂行期間中の賃金、手当、福利厚生まで全額支給しなくてはなりません。（同53条）

⑥これはビジネスリスクとは直接関係ありませんが、重要な点なので触れましょう。国防動員法の対象となる中国国民は、男性は18歳以上60歳まで。女性は18歳以上55歳まで となります。指摘したいのは、動員対象が中国国内に限定されておらず、在外中国

人も対象になることです。つまり、中国政府が国防動員法を発令すると、日本にいる在日中国人は人民解放軍の協力者になる義務を負います。在日中国人の数は2021年12月時点で、約71万6000人です。ちなみに、自衛隊の人数は約25万人です。自民党の岸田政権は中国人を留学生や技能実習生でどんどん入国させていますが、台湾有事、沖縄有事の際、かれらが国防動員法に従い、人民解放軍の協力者になることを理解しているのでしょうか。重要なことを見落としていないか、甚だ心もとなくなります。

2 「国家情報法」：中国の全法人、全個人に国家の情報活動への協力を義務づける

「いかなる組織および個人も、国の情報活動に協力する義務を負う」(第7条)と記されています。つまり、中国国民全員に「中国を利するためのスパイ活動を義務づけ、国家はそれを全面支援する」ということです。

こうした法律ができたにも関わらず、情報活動への協力義務を負う中国人を軍事技術や軍民両用技術の開発業務などに当たらせている日本企業が多いのです。在日中国人は、中国大使館などから「あなたが勤めている日本の会社からこの情報を持ち出せ」という指示が来れば、国家情報法に従い、勤務先などから指示された情報を盗み出す法的義務を背負っ

ています。日本の外為法違反や特定秘密保護法違反は承知の上で情報を窃取します。なぜならば、彼らにとり法的義務だからです。在日中国人は、中国政府の指示に従わなければ、中国にいる家族や親戚がどのようなひどい目に合うかを知っています。

２０１６年、宇宙航空研究開発機構や航空関連企業などがサイバー攻撃を受けた事件。２０２１年12月28日の読売新聞は、中国軍のサイバー攻撃部隊に所属する中国軍人の妻が、サイバー攻撃を実行した元留学生らに対し「国に貢献しなさい」「国が守ってくれる」などと迫り、実行させたと報道しました。これは氷山の一角に過ぎません。

管理が甘い日本企業から軍民両用技術が中国に移転されれば、兵器や中国の軍事物資の質を高め、回り回って、日本国民を安全保障上の危険にさらすことになります。

３　「輸出管理法」、中国版エンティティリスト（ＥＬ）、輸出管理リスト

中国版ＥＬは、中国政府が中国の国家主権、安全、利益の発展に危害を及ぼすとみなした企業などを掲載したリストで、２０２０年９月に施行されました。「国家技術安全管理リスト」と同等の機能を果たし「輸出禁止・輸出制限技術リスト」も２０２０年８月に大幅拡充され、人工知能（ＡＩ）や個人向けのデータ解析技術など軍民両用技術が追加されました。アメリカのエマージング技術やアメリカの「国防権限法」に決められた重要技術

と重複するものも多く、アメリカの技術移転規制に対抗する意図が込められているようです。特許のライセンス付与も許可対象となり、もし、このリストに、日本企業が中国企業（合併も含む）と共同研究開発を行った技術が収録されれば、この技術を用いた国際展開そのものが中国の支配下に置かれる事態になってしまいます。

中国は軍民融合政策と「中国製造２０４９」で、機微技術の国産化、製造強国と技術覇権のための国家的資金援助、日本を含む外資系企業との技術協力などを推進しています。また「千人計画」で海外の頭脳を呼び込んで軍民両用技術の研究・開発を推進しようとしています。

こうした日本を含む海外研究者などによって中国国内に集積された機微技術がこのリストに収録されると、日本など海外企業がこの技術を使って海外展開しようとする際、中国政府の管理や関与を受けるという事業上のリスクが生じます。共同開発といっても、基本は日本など海外企業の技術であることが多いので、これはほぼ技術の剽窃です。

２０２０年12月に施行された「輸出管理法」は、中国での貿易・投資環境に大きな変化と影響を与えました。２０２１年12月に、中国商務省はポータルサイトを通じ、実務的な説明を始めています。少々、専門的な話題になりますが、輸出管理法では、「みなし輸出規制」と「再輸出規制」が導入されました。みなし輸出規制とは、中国国内において「非中国人」に対して規制対象の技術を提供することを規制する制度です。中国の輸出管理法は、貨物、サービスまで含む中国独自のものです。非中国人の幹部や従業員がいる日本企業等の企業運営に大きな支障を生じます。再輸出とは、外国から輸入した通関済みの商品を再度輸出することです。輸出管理法の再輸出規制は、中国から輸入した産品（部品や材料）を組み込んだ製品を輸出する場合に、中国当局の許可が必要となるという理不尽な規制を受けることになります。つまり、中国製の部品を組み込んだ製品や半完成品を中国から輸入し、日本から他の国へ輸出する際に、中国当局の事前許可をとることになります。このように、中国の産品を組み込むことは日本企業の経済活動を制約することになるので、自由な経済活動を行うために中国の産品を使用しないことが必要になります。つまり、日本企業は、中国を外したサプライチェーンを組み立てる必要に直面したのです。

これは明らかにアメリカの対中規制への対抗措置です。アメリカは「国防権限法」と一連の対中制裁政策によって、自国陣営に与することを明確にするよう要求を突きつけていますが、中国もこれに対抗して、「自分たちに味方しろ」と要求する、その武器が「輸出管理法」なのです。

4 「反外国制裁法」：中国の判断で外国に制裁することを正当化する

特に問題になるのは、この「反外国制裁法」です。これは中国政府が外国企業やその家族まで、制裁対象にすることを可能にする法律です。

では、どんな場合に制裁対象になるのでしょうか。

①各種の口実、あるいは自国の法律に基づき、中国を抑制、弾圧した場合。

②中国の公民、組織に対して差別的制限措置を行った場合。

③中国への内政干渉。

④外国の国家、組織または個人が中国の主権、安全、発展の利益を害する行為をし、またはそれに協力したり、支持したりする場合。

これらはもちろん、恣意的な運用が強く懸念されるものばかりです。特に「中国の内政に干渉する場合」とは、中国共産党による新疆ウイグル、チベット、南モンゴル、香港における人権侵害行為を非難することや、中国が「自国の領土」であることを主張する台湾を独立国家として扱うことが含まれています。これは「内政干渉」として制裁の対象になるというのです。

④の「中国の主権を害する行為」も大問題です。中国は尖閣諸島（沖縄県石垣市字登野城

尖閣）への領海侵犯を繰り返し、日本固有の領土を侵略しようとしています。

かねてから高まっていた中国の台湾侵略への懸念は、台湾有事が勃発すれば、中国は尖閣諸島を含む先島諸島にも侵攻するでしょう。日本がこの侵略を防ぐと中国政府は、国際ルールを無視して勝手な政治判断に基づき、「自国の主権を侵害した」という理由で、中国国内で事業展開する日本企業に制裁を課せるわけです。そして日本人社員が〝人質〟として拘束されることも考えられます。最悪の場合、強制収容所に送り込まれることも起こり得ます。

報復の対象は、日本政府、国会議員、日本企業とその幹部、親会社、子会社と広範囲です。しかも、中国の法律に〝違反〟したのに中国国外にいる者や、報復対象者の家族まで処罰対象になる。封建時代の「族誅《ぞくちゅう》」と同じ野蛮な発想です。

具体的な措置としては、中国への入国拒否、ビザの取り消し、国外退去のほか、中国国内にある財産の押収・凍結、中国企業との取引中止などの活動の制約もあります。

アメリカとの〝協力関係〟も報復の対象になり得ます。例えば日本企業がアメリカのEL（アメリカの国家安全保障や外交政策上の懸念があると指定した企業の記載リスト）や、アメリカの法律に従って中国への取引を規制する行為や、日本の「外為法」に則って中国との取引を停止した場合も、報復を受けます。例えば、ウイグルのトマトの購入をカゴメがやめたら報復されるおそれが生じるのです。

また、中国国民や法人などの組織は、中国の国内裁判所に、「自分たちを差別する外国の措置差し止め」や損害賠償を訴えることもできるようになりました。

現在、中国に子会社や合弁会社を持つ日本企業は約1万3600社。これらの企業がアメリカの意向、つまり輸出管理規制の域外適用や制裁措置に従った場合、中国から報復されることが現実性を帯びてきたということです。

2022年2月、反外国制裁法に基づく制裁措置が報じられたので、紹介します。中国は、「中国の主権と安全保障の利益を守るため、台湾へ武器を売却しているアメリカのレイセオン・テクノロジーズとロッキード・マーチン社に対し対抗措置を取る。これら2社は中国の反外国制裁法の関連規定に基づいて処罰されることになる」と発表しました。2022年2月、アメリカが、改良型パトリオットミサイルを台湾に販売する計画を発表したことに対する対抗措置です。

5　「データ安全法」「個人情報保護法」「インターネット安全法」：中国からのデータ移転を困難にする

２０１７年に施行されたインターネット安全法の適用は、大きく「ネットワーク運営者」、「重要情報インフラ運営者」、「特定業務の運営者」、「すべての個人と組織」の４つに分けられます。これら、４つの分類は必ずしも明確ではありません。各分類に応じて様々な義務と責任を負うため、企業としては、自社がどの分類に該当するのかを判断する必要があります。重要情報インフラ運営者は、中国国内の運営により収集した個人情報および重要データを中国国内に保存する義務があります。また、それらを中国国外に提供する必要性がある場合、国家インターネット情報部門が定める方法に従い、安全評価を受ける義務を負います。

２０２１年9月から、中国国内で行われるあらゆるデータ処理（収集、保存、使用、加工、移転、提供、公開を含むデータに関する全ての処理）に適用されるデータ安全法が施行されました。中国国内の日本企業も、業務上生成・収集したデータとそのセキュリティーに対し責任を負うことになりました。重要データの中国国内での管理や中国国外への移転管理は、厳格な手続きを踏むことが求められています。罰則は、罰金、業務停止、営業許可の取り消し、刑事訴追などです。しかも、中国国外でのデータ処理でも、「中国の国家・国民の権益を害するものは法的責任が追及される」としています。

データ安全管理の対象となる技術には、アメリカの新興技術とも重なる暗号、生物、電子情報から人工知能等の分野で国の安全・経済競争力に直接影響を与える科学技術成果データまで含まれた広い範囲になっています。さらに、基礎科学分野での研究成果や、公開されている特許も対象となってくることが考えられます。

データの中国国外への移転は、「データ越境移転安全評価弁法」、「ネットワーク安全管理条例」に基づき、厳格な管理をしなければなりません。日本企業等が、中国で研究開発をした場合、これらの研究成果、技術を中国国外に持ち出せなくなる可能性も指摘されています。中国から中国国外へのデータ移転は、「国の安全・経済競争力に直接影響を与える……分野の科学技術成果データ」と規定されました。このため、日本人研究者が中国の大学・研究機関等で研究した開発成果を中国外に移転、共有することに大きな制約がかかると考えられます。

個人情報保護法ですが、個人情報の収集、保存、使用、加工、伝送、提供、公開、削除など、取得から利用、削除まで含めた一連の個人情報の取り扱いを「処理」とし、その処理において、個人情報処理者による事前の告知と本人の同意の取得が必須です。中国に進出する日本企業の現地法人から日本の本社への個人情報移転についても注意が必要ですが、詳細は割愛します。

日本の経営者の中には、米中対立を「とはいえ、お互いそこまでしないだろう」と考え、「商売は中国、安全保障はアメリカ」などと楽観的意見を述べる人もいます。しかし日本の企業経営者の思惑とは無関係に、中国は改革開放路線「決別」の総仕上げとして、規制と統制を着々と進めているのです。

製造覇権を狙う「中国製造２０４９」

本章の冒頭で説明したように軍民融合政策と関係する産業政策が、「中国製造２０４９」です。「武力による世界秩序の変更」を目論む中国は、人民解放軍の武器近代化のために、軍民融合政策を進めています。中国製造２０４９とは、中国建国１００周年の２０４９年までに10の産業領域で、アメリカに代わり世界最強の製造覇権国家になるという産業政策です。「中国製造２０２５」や「中国製造２０３５」は、「中国製造２０４９」までの過程での指標を示したものです。10の産業領域は、以下の通りです。

①次世代情報技術（ＩＴ技術・半導体を含む）、②先進的なデジタル制御の高機能ＮＣ工

作機械とロボット、③航空宇宙技術、④海洋エンジニアリング設備とハイテク船舶、⑤先端軌道交通設備、⑥省エネ、新エネ自動車、⑦電力設備、⑧農業用機械と設備、⑨新素材、⑩バイオ医療と高性能医療機器。

アメリカ通商代表部（USTR）は、中国政府が中国製造2049のもと、いかにして技術を「獲得しているか」を報告しました。

それによると、例えば中国政府が高度化を目指す自動車、船舶、航空機の製造を「制限業種」に指定し、海外企業が中国市場で事業を展開するには、中国企業と合弁を組むことを義務づけています。また、中国国内市場へのアクセスと引き換えに、中国政府が直接的に、あるいは合弁相手の中国企業からの要求という間接的な方法で、海外企業に技術移転を要求し、海外企業の技術を獲得するというのです。

しかも、中国が中国製造2049を実現するため、国家ぐるみで西側諸国の企業買収に強く関与していることも示しています。主に航空、半導体、情報技術、バイオテクノロジー、産業機械、再生エネルギー、自動車などの各分野で、中国国家開発銀行（CDB）や中国輸出入銀行などが中国企業にM&Aの資金を提供するというやり方です。この動きに対し、アメリカはFIRRMA（外国投資リスク審査近代化法、P27参照）を施行し、日本は外為法を改正して、企業買収などを通じた技術窃取を規制しています。

仮に、中国製造２０４９が実現したら、どうなるでしょうか。電気自動車を例に考えます。トヨタは中国を巨大市場とみて、現地での開発や製造に熱心に取り組んでいます。ところが、中国製造２０４９計画によると、２０４９年になれば中国の自動車メーカーがトヨタを上回る技術を持つようになり、トヨタよりも安くて品質の優れた電気自動車を量産し販売するようになります。こうなると、中国の消費者は、トヨタを買わずに、中国メーカーの車を購入するようになります。14億人の市場はありますが、日本企業が販売する余地はどこにもありません。この状況を実現するため、中国は外国企業を呼び込んで、中国で開発させ、製造させているのです。日本企業は技術移転だけを強いられ、技術を盗まれた後にポイッと捨てられかねません。この点を指摘すると、一笑に付す経済人もいますが、新幹線技術が盗まれた事例を第４章で紹介しましょう。

蕎麦屋にお客が来るのは、その店が美味しい蕎麦を食べさせてくれるからです。ところが、蕎麦つゆのだしの取り方、蕎麦の打ち方などを懇切丁寧にお客に教え、そのお客が、自分で蕎麦をつくれるようになれば、どうなるか。そのお客は、実は、近くに自分で蕎麦屋を開くためにお店に来て、ノウハウを盗んでいたとしたら。日本では許されない行為ですが、中国では「騙されるほう（アホ）が悪い」のです。蕎麦屋は美味しい蕎麦を提供することが仕事で、美味しい蕎麦の作り方を商売敵に教えることではありません。日本企業が中国に技術や生産ノウハウを持ち込んで、中国企業に教えている行為はこの蕎麦屋のミスとほぼ同じです。

中国に呑み込まれたドイツの惨状

米中の対立がドイツにどのような影響を与えているでしょうか。実は、中国と密接な関係にあるドイツが、いま苦境に陥っています。「中国製造2049」が公表されて以降、中国企業によるドイツ企業のM&Aが加速し、次々とターゲットにされました。

中国がドイツ企業に食指を伸ばしている分野は、ドイツが最新技術を有する省エネルギー、新エネルギーを活用した自動車、電力設備、バイオ医療・高性能医療機器、ハイエンド工作機械、ロボットの分野など、すべて軍事転用できる分野ばかりです。

例えば、浙江吉利控股集団（ジーリーホールディンググループ）の創業者である李書福氏が、ダイムラー（メルセデス・ベンツ）の株10％を取得、筆頭株主になりました。李氏は習近平が浙江省の書記時代からとても懇意にしていた人物で、「吉利を支援せずにどこを支援するのか」と言わせるほどの企業だそうです。そして中国はダイムラーに強い影響力を発揮し、さまざまな技術移転や事業展開を進めています。

吉利は、有人ドローンを開発するボロコプター社にダイムラーとともに共同出資し、株式をそれぞれ10％取得しました。その翌年、両社は次世代ハイブリッド車向けのガソリンエンジンにおいて、設計や開発、販売の共同計画を発表しました。

要するにベンツの技術をすべて中国に取り込んでしまおうというわけです。共同開発と銘打たれていますが、実質的にはダイムラー側がノウハウを伝授する一方です。

そして吉利は、前述のボロコプター社との合弁事業の概要を発表しました。航空機本体やその部品は中国で生産され、合弁会社の本社は吉利の重要生産拠点である中国の成都に置かれます。そして政府機関と綿密に連携し、今後3～5年以内に電動垂直離着陸航空機を使用して、都市部や郊外の低空域内で人や物を移動させる新しい都市交通を開始するというのです。もちろん、軍事転用が可能です。

また吉利は、スウェーデンのボルボグループも傘下に収めています。また吉利は、ダイムラー社と折半出資で、高級小型車ブランド「スマート」を統括する合弁会社を設立しました。22年から電気自動車（EV）を販売する予定です。

EVはいわばパソコンに車輪とモーターがついたようなものです。さまざまなユニットの集積体ですが、半導体やバックドア（正規の手続きを経ずにパソコン内部に侵入できる入り口）に隠しコマンドを仕込めば、外部からのコントロールが可能です。情報収拾はもちろん、政治的な暗殺さえ可能かもしれません。

中国にインフラを買収されたドイツ

中国の海航集団はフランクフルトのハーン国際空港を買収しています。空港内にスパイウェアを潜り込ませれば、個人情報は抜き放題です。この海航集団の創業者である王建会長が南仏観光中に不審な事故死を遂げ、この集団は破産したので、現在の所有者は明確ではありません。でも中国企業が保有していることは間違いないでしょう。

中国によるインフラ買収は空港だけでなく、港湾にも及んでいます。中遠海運港口（COSCO）はトレロー・コンテナターミナル（CTT）の運営権の35％を取得すると発表しました。CTTはドイツ最大の貨物取扱量を誇るハンブルク港（コンテナ取扱量はヨーロッパ第3位）で重要な位置を占める企業です。中遠海運港口の親会社である中国遠洋海運集団は、CTTをヨーロッパにおけるコンテナ積み替えの拠点にするとしていますが、独占禁止法の審査や、ドイツ連邦経済エネルギー省による認可を得る必要があり、ドイツ政府の対応が注目されます。

遅きに失した例も見受けられます。電機メーカーである美的集団は、ドイツのロボットメーカー・KUKAを買収しました。KUKAは工業生産プロセス向けの高度なイノベーション技術に注力していて、そのノウハウは「中国製造2035」の製造分野オートメーション技術標準設定に深く関わっています。

実はKUKAは、アメリカのグラマン社から戦闘機F35の中央胴体の総合組み立てラインを受託していたのですが、そのノウハウも中国に流れてしまいました。ドイツ政府はKUKAの買収を阻止しなかったのです。

そして美的集団とKUKAは、その子会社と3社で、産業用ロボット、医療、物流自動化の三分野を手がける合弁会社設立を発表しています。

まだまだあります。中国の国営企業・中国化工集団は、加工機械業のクラウスマッファイグループを買収しました。この会社はプラスチック製品の製造に欠かせない射出成形装置の製造で知られた企業です。

また、中国のアドバンスト・テクノロジー・アンド・マテリアル（安泰科技股份有限公司）は、航空や自動車産業向けの高品質繊維複合部品を製造するコテサ社を買収しました。航空や自動車の軽量化需要に対応し、航空宇宙や自動車、産業用の部品製造やアッセンブリ事業を展開。これもまた軍事開発に必要な技術なのです。

中国はドイツの中小企業を300社も買収していて、その中には「隠れたチャンピオン企業」も含まれています。「隠れたチャンピオン」と呼ばれる強い中小企業は、かつて、ギルドと呼ばれた強力な家内制手工業の組合が存在していたドイツの南部からオーストリア、スイス一帯に立地しています。

ベンチャー企業に対しても、ロボット分野を中心に買収が進んでいます。まさにドイツは「中国製造2049」を支える重要なパーツになっているのです。

これは「惨状」と言っても過言ではない状態なのですが、そんなドイツでもようやく、中国に対する警戒感が生まれつつあります。2018年には外国投資に関する規制を強化し、フランスやイタリアとともに外国（主に中国）による企業買収を精査するための新しい方策を開始しました。

また２０２１年、M&A規制も強めましたが、いささか遅きに失した感があります。ドイツ経済省は重要技術が中国に移転されていることに「懸念」を表明していますが、中国の進出に対して本格的に阻止する動きは見られません。

いまやドイツは「中国の欧州支店」

ドイツで経済安全保障に対する意識が低いのは、メルケル前政権の対中政策にあると思います。メルケル氏は当初、中国に冷淡でしたが、リーマンショックでユーロ経済が危機に見舞われ、経済が疲弊したのを機に、「中国は戦略的なパートナー」という方向に転換しました。ドイツ企業の製品を呼び込んで、中国市場で商品を販売させるという中国の戦略が成功したこともあります。

やがて気がつくと、ドイツと中国の貿易額は、英・仏・伊という欧州の三大経済圏に対する貿易額よりも大きくなってしまいました。２０１６年には、中国はアメリカを抜き、ドイツにとって最大の貿易相手国になったのです。その結果、ドイツの大手自動車メーカーは中国に主要な生産設備を置き、総利益の三分の一を中国で稼ぐまでになっています。

自動車産業だけでなく、機械製造の大手なども中国市場に深く関わっています。しかもVW（フォルクスワーゲン）やジーメンス、BASFなどはウイグルにも進出しているのに、彼らはウイグルの人権弾圧に沈黙を貫いています。

VWなどはむしろ、「ウイグルのウルムチの工場で人権侵害が起きている兆候はない。ウイグル人の強制労働がVWのサプライチェーンに取り込まれている証拠はない」と、耳を疑うような声明を出しているほどです。つまり、もはや中国なしではドイツ経済は成り立たなくなっていることの証明です。

ファーウェイの問題でも、メルケル氏は首相時代、中国の指導部から「ファーウェイを閉め出せばドイツ経済に大きな影響が及ぶ」と脅され、アメリカのファーウェイ排除の動きを非難したほどなのです。「ファーウェイがドイツの5Gに含まれなければ、ドイツの自動車メーカーは高額の代価を払うことになる」という中国の恫喝に屈したのです。

ファーウェイの機器に埋め込まれたバックドアによる情報漏洩が問題視されているのに、国営のドイツテレコムを含む電気通信事業者はファーウェイの機器を使用し、5Gネットワークを見切り発車で進めています。

つまりドイツ政府はサプライチェーンの再構築を模索せず、相変わらず中国依存を堅持する姿勢を崩していないのです。アメリカを中心に、日本や欧州諸国は反中国を鮮明にしつつあるのに、ドイツはその流れから脱落する可能性が高いのです。

私は、もはやドイツは中国の欧州出張所に過ぎないと考えています。ドイツは中国という底なし沼に足を突っ込みすぎて、抜けるに抜けない状況に陥っているのです。ドイツ自動車メーカーは中国のＥＶベンチャー企業に数十億ユーロも投資している始末です。

中国が「不測の事態」と認定して国防動員法を発動すれば、ドイツの在中資産はすべて接収されてしまう可能性が厳然としてあるのですが、その危険性をきちんと認識しているのでしょうか。

ドイツは中国と物理的な距離があるため、いくら技術が流出しても安全保障上の問題には繋がらないと考えているようですが、「中国製造２０２５」そして「中国製造２０４９」が実現すれば、ドイツは用済み、お払い箱になってしまうはずです。

そうするとドイツは中国の経済属国になり、中国を宗主国として崇める立場になってしまうかもしれません。「一帯一路」の終点はベルリンになってしまうかもしれないのです。

２０２１年の総選挙でドイツでは、第１党となった中道左派の社会民主党と緑の党、自由市場主義を掲げる自由民主党の３党が連立政権を樹立し、政権交代が行われました。２

022年、ロシアによるウクライナ侵略がきっかけとなり、ドイツの新政権は、国防費をGDPの2％に増加させると言っています。ドイツ新政権が、独裁国家に親和的であったメルケル前政権と一線を引くかどうか、今後の対中姿勢に注目する必要があります。

「脱中国」はオーストラリアに学べ

このように生殺与奪の権まで奪われているドイツとは対照的に、オーストラリアはさっさと中国への経済依存から脱却し、いまや中国と対峙するまでになっています。ではなぜ、オーストラリアは「脱中国」を可能にしたのでしょうか。

そもそもオーストラリアの中国依存度は高く、2009年から10年間で、中国への輸出額は約3倍にも伸びていたのです。半分が鉄鉱石、石炭、天然ガス、農産物です。

しかし中国は、モリソン首相の「武漢ウイルスに対する中国当局の初期対応を調査する必要がある」との発言に反発し、「輸入を止める」と脅しをかけてきました。

大麦、牛肉、小麦、羊毛、ロブスター、砂糖、銅、木材、ぶどうなどに高い関税を課し、経済力を武器に圧力をかけました。それまでも購買力を武器に、「不買」を持ち出して脅し、相手国を屈服させてきた例は、枚挙にいとまがありません。

しかしオーストラリアは、そんな恫喝に負けませんでした。

貿易相手国を中国から他国に転換をはかったのです。中国がオーストラリア産石炭の輸入禁止措置をとったとき、中国の電力会社は、発電用の石炭をロシアとインドネシアからの輸入に切り替えました。ここから石炭を買っていた日本やインド、韓国は、石炭の価格が高騰して困りました。そこでオーストラリアは、日本やインド、韓国に石炭の売り込みをかけ、販売先の組み替えに成功しました。

大麦の場合は、サウジアラビアと東南アジア諸国、銅は欧州諸国と日本、綿はバングラデシュやベトナムに輸出先を転換しました。

反面、鉄鉱石は対中国向けが10％伸びています。鉄鉱石はオーストラリア以外では手に入りにくいので、中国もストップするわけにはいかなかったようです。

これらによって、オーストラリアは深刻な経済被害を受けることなく、むしろ取引先の再編成、脱中国をすることができたのです。経済的な損失はマイナス分が約40億ドルに対して、新市場に転換したことによるプラス分が約33億ドル。差し引き7億ドル分のマイナスですみました。これはオーストラリア全体の輸出額の０・25％に過ぎません。

この結果を受けて、オーストラリアは対中政策を強化します。中国は制裁を開始する前に、オーストラリアに対して、5G通信網からの中国企業排除、新疆ウイグル自治区や香港での人権問題批判をオーストラリア政府が先導していると批判しました。しかしオーストラリアは、この文書をイギリスで開催された主要7か国首脳会議で頒布し、反中国への協調をアピールしました。またアメリカ、イギリスとの間で「AUKUS」という軍事同盟を締結し、対中姿勢を鮮明にしたのです。

とは言え、オーストラリアはワイン輸出では損害を被りました。でもそれにも負けず、対中姿勢を鮮明にした態度は立派だと賞賛されてしかるべきでしょう。日本も中国市場だけに目を向けるのではなく、世界各国に転売できるような商品を開発していけばよいのです。

貿易相手国の再編成は時間とコストがかかると思われがちです。でもそんなことはありません。オーストラリアの例を見れば、断固たる姿勢を見せれば、それが可能だということがわかります。

バルト三国のリトアニアも中国に抵抗を示した国の一つです。事実上の台湾大使館設置を認める独自の動きで、台湾との国交締結の姿勢を見せていますが、これもオーストラリアの脱中国戦略の成功ぶりを見ているから決断することができたのです。

中国はリトアニアに対し、十八番《おはこ》の経済いじめをしました。中国向けに輸出したラム酒約2万本が中国側の通関を拒否されそうになったのです。この事態に、台湾タバコ酒会社がラム酒を買い取りました。ラム酒には、中国の簡体字のラベルから台湾の漢字のラベルに貼り替えられ、販売されました。中国が税関を通そうとしないリトアニアからの貨物コンテナは少なくとも120個あり、すべて台湾側が引き取る方針です。

つまり、中国の横暴によって市場が失われるとしても、西側諸国や東南アジアで新たな市場を開拓し、販売先の組み替えで補っていけばいいのです。中国は巨大な市場を持つ国ですが、「唯一の貿易相手」だと思う必要はありません。企業経営の観点から言えば、1つの取引先が売り上げに占める割合が高いことはリスクです。分散することでリスクヘッジができます。日本は、オーストラリアを教師に、ドイツを反面教師にするべきです。

図表2　アメリカがリストアップした中国の軍産複合体企業68社

番号	英文名	中国名
1	Aero Engine Corporation of China	中国航空発動機集団有限公司
2	Aerospace CH UAV Co., Ltd	
3	Aerospace Communications Holdings Group Company Limited	航天通信控股集団股份有限公司
4	Aerosun Corporation	エアロサン
5	Anhui Greatwall Military Industry Company Limited	ANHUI長城軍事工業
6	Aviation Industry Corporation of China, Ltd.	中国航空工業集団有限公司
7	AVIC Aviation High-Technology Company Limited	中航航空高科技股份有限公司
8	AVIC Heavy Machinery Company Limited	中航重機股分有限公司
9	AVIC Jonhon Optronic Technology Co., Ltd.	中航光電科技股份有限公司
10	AVIC Shenyang Aircraft Company Limited	中航瀋飛股份有限公司
11	AVIC Xi'An Aircraft Industry Group Company Ltd.	中航西安飛機工業集団
12	Changsha Jingjia Microelectronics Company Limited China Academy of Launch Vehicle Technology	中国運載火箭技術研究院
13	China Academy of launch vehicle technology	中国キャリアロケット技術研究院
14	China Aerospace Science and Industry Corporation Limited	中国航天科工集団公司
15	China Aerospace Science and Technology Corporation	中国航天科技集団有限公司
16	China Aerospace Times Electronics Co., Ltd	航天時代電子技術股份有限公司
17	China Avionics Systems Company Limited	中航航空電子系統股份有限公司
18	China Communications Construction Company Limited	中国交通建設股份有限公司
19	China Communications Construction Group (Limited)	中国交通建設集団有限公司
20	China Electronics Corporation	中国電子股份有限公司
21	China Electronics Technology Group Corporation	中国電子科技集団公司

22	China General Nuclear Power Corporation	中国広核集団
23	China Marine Information Electronics Company Limited	中国船舶重工集団海洋防務与信息対抗股份有限公司
24	China Mobile Communications Group Co., Ltd.	中国移動有限公司
25	China Mobile Limited	チャイナ・モバイル
26	China National Nuclear Corporation	中国核工業集団
27	China National Offshore Oil Corporation	中国海洋石油集団
28	China North Industries Group Corporation Limited	中国兵器工業集団有限公司
29	China Nuclear Engineering Corporation Limited	中国核工業建設股份有限公司
30	China Railway Construction Corporation Limited	中国鉄建股份有限公司
31	China Satellite Communications Co., Ltd.	中国衛通集団股份有限公司
32	China Shipbuilding Industry Company Limited	中国船舶重工股份有限公司
33	China Shipbuilding Industry Group Power Company Limited	中国船舶重工集団動力股份有限公司
34	China South Industries Group Corporation	中国南方工業集団公司
35	China Spacesat Co., Ltd.	中国東方紅衛星股份有限公司
36	China State Shipbuilding Corporation Limited	中国船舶集団有限公司
37	China Telecom Corporation Limited	中国電信股份有限公司の子会社
38	China Telecommunications Corporation	中国電信股份有限公司
39	China Unicom (Hong Kong) Limited	中国聯合網絡通信（香港）股份有限公司
40	China United Network Communications Group Co., Ltd.	中国聯合網絡通信股份有限公司
41	CNOOC Limited	中国海洋石油有限公司
42	Costar Group Co., Ltd.	中光学集団股份有限公司
43	CSSC Offshore & Marine Engineering (Group) Company Limited	中船海洋与防務装備股份有限公司
44	Fujian Torch Electron Technology Co., Ltd.	福建火炬電子科技股份有限公司
45	Guizhou Space Appliance Co., Ltd	貴州航天電器股份有限公司

46	Hangzhou Hikvision Digital Technology Co., Ltd.	ハイクビジョン
47	Huawei Investment & Holding Co., Ltd.	ファーウェイホールディングス
48	Huawei Technologies Co., Ltd.	ファーウェイ
49	Inner Mongolia First Machinery Group Co., Ltd.	内蒙古第一機械集団股份有限公司
50	Inspur Group Co., Ltd.	浪潮(インスパー)グループ
51	Jiangxi Hongdu Aviation Industry Co., Ltd.	江西洪都航空工業股份有限公司
52	Nanjing Panda Electronics Company Limited	南京熊猫(パンダ)電子股份有限公司
53	North Navigation Control Technology Co., Ltd.	北方導航控制技術股份有限公司
54	Panda Electronics Group Co., Ltd.	パンダ電子グループ
55	Proven Glory Capital Limited	於英屬維爾京群島註冊成立的有限責任公司
56	Proven Honour Capital Limited.	華為投資控股有限公司
57	Semiconductor Manufacturing International Corporation	中芯国際集成電路製造有限公司(SMIC)
58	Shaanxi Zhongtian Rocket Technology Company Limited	陝西中天火箭技術股份有限公司
59	Zhonghang Electronic Measuring Instruments Company Limited.	中航電測儀器
60	SenseTime Group Ltd	商湯科技開発有限公司
61	Dawning Information Industry Co.Ltd.	曙光信息産業股分有限公司
62	CloudWalk Technology Corp	雲従科技
63	Xiamen Meiya Pico Information Co., LTD.	厦門市美亜柏信息股分有限公司
64	Yitu Technology	依図科技
65	Leon Technology Co.Ltd.	立昂技術股分有限公司
66	NetPosaTechnologies	東方網力科技
67	Da-Jiang Innovations Science and Technology Co., Ltd.	大疆創新科技有限公司
68	Megvii	曠視科技

※2022年1月時点:アメリカ政府のウェブサイトから筆者作成

第2章

日本企業の主な経済安全保障事案

有機EL情報が盗まれたJOLEDの悲惨な現状

株式会社JOLED（ジェイオーレッド）は有機ELディスプレイ、その部品、材料、製造装置および関連製品の研究・開発、生産・販売を行う会社です。2015年、同社は、経済産業省が主導し、ソニー株式会社、パナソニック株式会社の有機ELディスプレイの開発部門を統合して設立され、2016年、独自の印刷方式による有機ELディスプレイ量産技術を確立しています。インクジェットを使った独自の製造方式で、中型・高精細の有機ELディスプレイを量産し、高級モニター、医療用モニター、車載向けモニター等を生産しています。

テレビやパソコンの画面には液晶ディスプレイが使われています。電流により液晶という物質の分子が向きを変え、光を通したり通さなかったりする性質を利用しています。液晶の後ろにバックライトを置いて照らすと、部分ごとに通る光の量が調節できます。液晶の前にRGB各色のフィルタを置いて、それぞれの色の明るさを調節して、フルカラーで画像を表示します。

最近、主流となった有機ＥＬディスプレイはＲＧＢ（赤・緑・青）の光を出す有機ＥＬ素子をならべます。有機ＥＬ素子のそれぞれが自分で光るので、バックライトの必要がありません。このため、消費電力が少なくて済みます。有機ＥＬは素子をオフにすると、まっ暗になり、コントラストの良い映像になります。

以前は、航空機の操縦席にアナログ計器が使われていましたが、近年では、これらのアナログ計器の代わりに、液晶ディスプレイに集約表示されるグラスコクピットを利用した操縦席に変わりました。グラスコクピットは、戦闘機などにも使用されています。

液晶ディスプレイを使うグラスコクピットが、さらに新しい技術である有機ＥＬディスプレイを使用したものに置き換わります。有機ＥＬも軍民両用技術なのです。

そのＪＯＬＥＤは２０２０年６月、中国の携帯電話、パソコンなどを生産、販売するＴＣＬ科技集団股份有限公司（ＴＣＬ）グループのディスプレイパネルメーカー、ＴＣＬ華星光電技術有限公司（ＴＣＬＳＣＯＴ）に第三者割当増資を実施し、２００億円の資金調達を行いました。同時に、独自の印刷方式有機ＥＬディスプレイ製造技術を活用し、ＴＣＬＳＣＯＴとテレビ向け大型ＥＬディスプレイの共同開発契約を結んだのです。

軍民融合政策の中国は、ＪＯＬＥＤの有機ＥＬ技術に関心を示したのです。実は、過去に私自身も、中国へ軍民両用技術の有機ＥＬが渡ることを阻止するために奔走したことがありました。ジャパンディスプレイという日本の液晶会社がＪＯＬＥＤの株式を持っていたことに目をつけた中国勢が、ジャパンディスプレイを買収しようとしたときのことです。そこで、ジャパンディスプレイが持っていた株式を売却し、液晶と有機ＥＬを完全に分離して、文字通り液晶だけの会社にしてしまったら、中国投資家が興味をなくしてしまいました。有機ＬＥＤの部分を切り離してしまったので、中国にはもう魅力がなくなってしまったのです。

しかし、中国は諦めていませんでした。ＴＣＬはＪＯＬＥＤの新株を引き受け、株式購入代金を払い込んで、取締役を送り込んできたのです。株式を上場していないＪＯＬＥＤの新株を引き受けるには、ＴＣＬが直接に接触したか、ＪＯＬＥＤに手引きをする者がいたかのどちらかです。誰がＪＯＬＥＤに手引きしたのか探りましたが、わからずじまいでした。

少し専門的な話になりますが、有機ＥＬは、ほとんどが真空装置内で着色をする「蒸着」という方法で製造します。それに対してＪＯＬＥＤはインクジェット装置を使って発光材料をパネル基板にプリントする工法です。蒸着方式は、一個一個のバッチ処理をしなければばならないのでコストがかかりますが、インクジェット方式なら安価に製造可能なのです。

現在、ＬＧディスプレイを始めとする韓国企業が、薄型テレビ用大型有機ＥＬディスプレイ市場で高いシェアを確保していますが、韓国企業が生産する有機ＥＬパネルは蒸着方式です。ＪＯＬＥＤは、このインクジェット方式の有機ＥＬディスプレイ製造技術をライセンスすると公表しています。この経営戦略は、英国のアームホールディングスなどがモバイル端末用中央演算装置（半導体の一種）で採用している方法です。

ＪＯＬＥＤ自身は有機ＥＬディスプレイの量産用設備に投資をしないので、財務的なリスクを抑えることができる反面、技術が流出するリスクを伴います。しかも、自前の工場を持たない「ファブレス企業」は自身では量産せずに他社に生産委託するので、材料、製造装置、工程管理などの生産技術や製造ノウハウはライセンス供与先に蓄積されていきます。

ＪＯＬＥＤは「インクジェット印刷方式の肝となるプリントヘッド技術は開示しないので、技術的優位を維持できる」と考えているようです。しかし、発光材料情報が明らかになれば、その発光材料を目標とする場所に正確に着弾させるプリントヘッドを開発することは、そう難しいことではないはずです。プリントヘッド技術を有する企業は、世界に複数社あるからです。これらの企業とＴＣＬとが共同開発すれば、インクジェット方式による有機ＥＬの生産は、外国でも可能になるでしょう。

「パナソニック」が生産委託する中国企業ＴＣＬとは

パナソニックはＴＣＬと生産委託契約を締結し、２０２２年以降、大型薄型テレビの自社生産は継続するものの、その他の薄型テレビはＴＣＬに生産を委託すると発表しています。

２０２０年12月21日、米国国土安全保障省のウルフ長官代行（当時）は、ＴＣＬスマートＴＶ（ＴＣＬ製のアンドロイドＯＳを使用したテレビ製品）に深刻なセキュリティホールがあると述べ、アメリカの消費者に警鐘を鳴らしました。ＴＣＬ製のテレビを調査した結果、すべての製品に「バックドア」が仕組まれていたと言うのです。バックドアとはＩＤやパスワードがなくてもログインができ、利用者本人が知らない間に情報を盗み取る「秘密裏に作られる勝手口」のことです。バックドアを通じて機密データや個人情報を盗み取るだけでなく、遠隔操作でＤＤＯＳ攻撃（サイバー攻撃の一種で、複数のパソコンなどで特定のサーバーなどに一斉攻撃を仕掛ける方式。複数から攻撃されるため、犯人を特定しにくい）の踏み台にされ加害者になってしまうこともあります。

ＴＣＬに生産委託した薄型テレビは、パナソニックのブランドで店頭販売されます。もしも、アメリカの国土安全保障省がパナソニックのロゴをつけたＴＣＬで生産されたテレビからバックドアを発見した場合、パナソニックはどう対処するつもりなのでしょうか。

ＪＯＬＥＤの経営幹部は、ウルフ長官代行の発言を知らなかったかもしれませんが、アメリカから問題を指摘された中国企業に株式を保有され、取締役を受け入れたＪＯＬＥＤの判断は正しかったのでしょうか。しかも、有機ＥＬはグラスコクピットとして戦闘機の表示装置に利用されるでしょう。日本由来の技術がＴＣＬを経由し、中国の軍事企業集団（軍産複合体）に流れ、軍事転用されることも懸念されるのです。

日本の場合、電機業界が苦境にあえぐのは国の支援が不足しているという面もあります。対照的に中国の経済システムは、国家が積極的に資本に介入して管理する国家資本主義です。産業補助金制度は、中国の国家資本主義における産業政策の中核をなすものですが、その方針は、一党独裁体制を堅持し続ける中国共産党が一方的に決めるものです。中国の産業補助金には不透明な部分が多く、ＷＴＯ加盟国が中国の補助金問題を立証することを難しくしています。ウォールストリートジャーナルは、ファーウェイに使われた中国政府による産業補助金などの支援は8兆2400億円になると報道しました。笹川平和財団が全上場企業3683社の有価証券報告書（年報）を集計したところ、中国政府による2018年の補助金総額は1551億元（日本円で約2兆4000億円）となり、2013年の810億元から、5年間で倍増しているのです。

上場企業だけでこれだけの巨額ですから、不透明である非上場企業に対する産業補助金支給額を含めたら、どれくらいの額になるかまったく見当もつきません。しかもそれに加え、地方政府が交付する補助金もあり、産業補助金の実態は不透明です。

産業補助金を受領した中国企業は、相手国にダンピング価格で輸出攻撃し、輸出先国の競合企業は赤字に陥り、事業撤退に追い込まれます。そして相手が事業撤退をするところで債権放棄させ、技術ごと会社や事業を買い取るのです。これが、中国が得意とするパターンです。中国の自主性や良識にまかせていたら、過剰生産問題は永遠に解決しないのです。

中国の補助金制度に対抗できる、日本の産業界への支援は十分とは言えません。その結果、2021年3月、JOLEDは資本金を882億円から1億円に減資して中小企業にしてしまいました。

ある経済産業省関係者は、「平時に戦略物資や必需品の国内生産を継続できる仕組みをつくることが、非常事態が起きた時の備えになる。平時に赤字だという理由で、技術開発や生産を止めてしまえば、非常時に物資がなくなる」と述べています。まさに正鵠を射た指摘だと思います。

株主資本主義に弄ばれる東芝

東芝の問題も看過できません。日本有数の大企業が「もの言う株主」というハゲタカファンドの一種に〝侵食〟され、分割・解体されて転売されようとしているのです。

東芝は、２００６年に買収した原子力大手のウエスチングハウスで巨額の評価損を出して経営難に陥り、上場廃止を避けるため、２０１７年、なりふり構わず第三者割当増資（新株発行）を行って６０００億円を調達しました。

この結果、東芝は株主の約25％が「モノ言う株主」となり、高い配当や経営陣の受け入れなどを絶えず要求されています。誰彼見境なく新株を発行して購入してもらった東芝経営陣にも、今回の混乱を生じた責任があると言わざるを得ません。

2021年6月10日、東芝から調査報告書が開示されました。この報告書には、同社の株主総会の主導権争いをめぐるプロキシーファイト（委任状合戦）に、経済産業省の参与（当時）が、アメリカのハーバード大学基金運用ファンドに接触し、東芝側の人事案に反対しないように働きかけたなどと海外のメディアが報道したことが記載されています。プロキシーファイトとは、例えば10%の株式を所有する株主が自分たちの言い分を通すために同じ意見の仲間を集めて、株主総会で過半数以上の賛成を得て主張を通そうとする多数派工作のことです。

この動きを日経新聞などが報じ、「モノ言う株主」があたかも東芝の「救世主、正義のヒーロー」であるかのような報道をしたため、「モノ言う株主」が正しいとする世論が醸成されてしまいました。株主資本主義を正しいとする勢力が拡散した内容を鵜呑みにする日経の姿勢は、勉強不足の誹《そし》りを免れないものだと思います。

そもそもM&Aの本来の目的とは「企業の本業力の強化」であって、投資家が手にする売買差益の最大化ではありません。2020年の外為法改正後、機微技術を有する企業のM&Aには「経済安全保障」の観点からチェックが入るようになりました。時代は株主資本主義から経済安全保障の時代に変わったのに、こうした要素を加味せず、株主資本主義だけの観点から記事を書く記者は、時代遅れで勉強不足と言わざるを得ないのです。

外為法改正によって、安全保障上重要な技術を持つ「コア企業」が明示されました。もちろん東芝もその一つです。「経済産業省の参与が関与した」と報道されましたが、監督官庁がコア企業の人事に関心を持つのは当然のことです。

むしろ私は、もっと経産省とコア企業の連携を推進すべきだと考えています。それが「経済安全保障」の認識をより深めることにつながると思うからです。日本のマスコミも、時代遅れの投資家の売買差益だけに主眼を置かず、安全保障問題という視野を持って欲しいものだと思います。

「モノ言う株主」とは何者か

東芝問題を理解するには、ファンド（投資事業有限責任組合）について知ることが必要です。ファンドの仕組みとは、単純化すると以下のようなものです。

まず、ファンド事業を行いたい人が、ファンド運営会社を設立し、次にファンドを組成します。その際、ファンドに資金を提供する投資家に具体的なリターン（例えば年25％など）

を確約してファンドへの投資を勧誘します。

ファンドに資金が集まると、買収される企業の一定数以上の株式を取得し、一定期間株式を保有（実際は、5年程度の保有が多い）する間に、投資先企業の経営者に対し、例えば低収益事業の売却、高収益事業の合併や買収（M&A）、経営資源の集中、コスト削減、手元資金の活用、アクティビスト（モノ言う株主）と意見の異なる役員の退任、ファンドと考えを同じくする者の役員選任といった株主還元策、事業売却、経営陣刷新などの経営戦略などを要求します。その目的は、投資家から資金を集めて高い利回りを実現することだけです。こうして、リストラや資産売却などを通じて、損益計算書上の利益を大きくし、第三者に、買収した企業を転売するのです。

ちなみに、リターンは複利計算されるので、最初にファンドに100円出資すると、リターンが年25%の場合、5年後には244円になって戻ってきます（実際は、「レバレッジをかける」といい、投資家からの資金の他に金融機関から借り入れを行って買収し、全体のリターン率を下げるようにするのですが、投資家が出した資金が約2・5倍になって戻ることは変わりません）。

次に、「モノ言う株主とは何か」を説明しましょう。彼らは「アクティビスト・ファンド」

と呼ばれます。M&Aに関連する投資ファンド（PEファンド）の中でも積極的なアクティビストとして活動するからです。2000年代前半に元通産官僚の村上世彰氏が看板になった通称、村上ファンドが阪神電鉄や東京放送、ニッポン放送株などを買い占めたことを覚えている方も多いでしょう。東芝問題で名前が出てきたエフィッシモ・キャピタル・マネジメントは、この村上ファンドに在籍した人物が設立した、シンガポールのアクティビスト・ファンドです。

早稲田大学教授のスズキ・トモ氏は、2021年10月14日の日刊工業新聞に寄稿した「考・新しい資本主義」の中で、以下のように指摘しています。

ある欧州のビジネススクールでは「日本市場が本格衰退する前に、日本企業に自社株買いや高い配当を要求する。それを継続することが不可能になるまでしゃぶりつくし、最終的に株価が下がる前に高値で売り抜けることが最も効率が良い」とアドバイスしているそうです。

このことを頭に入れて次の話に進みましょう。

中国に狙われる東芝の技術

東芝の場合、量子暗号やインフラ関連に世界的な高水準の技術を持ち、また、大量破壊兵器技術にも直結する原子力技術も保有しているし、宇宙開発関連技術や防衛産業にも参入し、ミサイルやレーダーなどを防衛省に販売しています。

防衛装備庁が発行する「中央調達の概要（令和3年版）」によると、東芝インフラシステムズは、504億円の装備品を防衛省に販売しています。国内防衛産業の売上高としては第6位。その主な内容は基地防空用地対空誘導弾、捜索用レーダー、電波監視装置2号機、地上電波測定装置などです。

これだけの技術を持ち日本の防衛で重要な役割を果たしている企業が、アクティビスト・ファンドによるマネーゲームの道具になっているのです。この部門を欲しい国はといえば、軍民融合政策の中国と考えるのが自然でしょう。この推測を裏付ける事実があります。

「コングロマリット・ディスカウント」と東芝解体セール

２０２０年6月22日、東芝から「定時株主総会のお知らせ」が開示されました。そこにはアクティビスト・ファンドから東芝に対する提案として、「当社（東芝）におけるもっとも重大な問題点は、コングロマリット・ディスカウントが生じている点にあります」と記載されています。コングロマリット・ディスカウントとは、一つの会社がたくさんの事業を持っている場合、そこには利益を上げている部門と上げていない部門があり、利益を上げていない部門のせいで株価が低迷している状態のこと。一言で言えば「多角化によって企業価値の低下が生じている状態」です。

M&Aの専門家がこの部分を読めば、複数の産業分野で活動する企業（多角化企業）が同じ産業で活動する専業企業に比べて投資家から低く評価されるのだから、「コングロマリット・ディスカウントの解消のためには会社を解体して、バラ売りせよという提案をしているな」と理解します。バラ売りして入ってきた対価（現金）は、株主資本主義によると、株主に帰属することになるので、当然ながら、株主の懐に入ることになります。報告書が開示された当時から、私は東芝の解体セールを予想し、ネットメディアにも寄稿しましたが、まったく反響はありませんでした。私が予想した解体セールが、東芝による会社三分割という形で公表されてから、世間では、ようやく「コングロマリット・ディスカウントって何？」と話題になり始めました。

東芝を「第二のカネボウ」にするな

東芝にカネボウと同じ運命を辿らせてはなりません。カネボウは明治から昭和初期にかけて国内企業売上高第一位を誇り、隆盛を極めながらも、コングロマリット・ディスカウント解消を理由にバラ売りされて消えた大企業です。

カネボウは1887年（明治20年）に紡績会社として創立されて以降、菓子製造のハリスや製薬会社の山城製薬を買収して非繊維事業に参入し、やがて繊維・化粧品・食品・薬品・住宅の5事業から構成されるペンタゴン経営を推進しました。

その後も情報システム、エレクトロニクス、機能性高分子、バイオテクノロジーを中心とする経営方針に転換したのですが、バブル期を経て、新規事業参入にともなう借入金も増加して債務超過に陥ったのです。それを投資家に隠蔽するため粉飾決算を繰り返しました。そこで官製ファンドの産業再生機構がカネボウを支援することになりました。そして2005年、カネボウは上場廃止となり、ついに2007年、株主総会で解散が賛成多数となり、解散しました。この課程でカネボウが保有していた全事業はバラバラに解体されて第三者に売却されたのです。

東芝も同じ道を辿りそうです。2017年の原子力発電事業の巨額損失で経営危機に陥った東芝は、世界的な競争力を持つメモリ事業を米ベインキャピタルが率いる「日米韓連合」へ、医療事業をキヤノンへ、白物家電事業を中国の美的集団へ、テレビ事業を中国のハイセンスグループへ、パソコン事業を台湾の鴻海《ホンハイ》グループに買収されたシャープへ売却してきました。そして、残った東芝本体も2つに分割し、エレベーター事業を中国の美的集団などへ、空調事業をキャリア社へ売却、東芝テックや照明事業も手放そうとしました。本稿執筆時点では、非上場化も検討するため売却を一時停止しています。

この事例を見るにつけ、機微技術を有する東芝を第二のカネボウとせず国家の安全保障に影響を及ぼさない処理が必要であることは言うまでもありません。

中国軍関係者を「東芝の役員にせよ」

調査報告書の中で、アクティビスト・ファンドはアレン・チュー氏という人物を東芝の役員に選任せよと要求しました。報告書には「アリババグループや中芯国際集成電路製造公司（ＳＭＩＣ）を含む、計９社の社外取締役経験もあり、今後当社が注力するＩｏＴ分野でも豊富な知見と経験を有しているため、当社の成長に貢献することができます」と書かれているのです。

しかし、ＳＭＩＣは米国財務省の「中国軍産複合体企業リスト」に記載された68社のひとつ（P86のリストをごらんください）で、大統領令で米国の投資家に投資を禁止する中国共産党人民解放軍と密接な関係にあるとされる企業なのです。同社は米国政府のエンティティ・リスト（ブラックリスト）にも掲載されています。

このような企業の社外取締役を務めた候補者なら当然、人民解放軍や中国共産党政府との関係を疑ってしかるべきです。アクティビスト・ファンドが、中国共産党に近いと思われる者を東芝の役員に選任せよと主張した理由をよく考える必要があります。幸い、アレン・チュー氏を役員に選任する案は株主総会で否決されましたが、アクティビスト・ファンドは手を変え品を変え、中国共産党に近い者（日本人を含む）を役員に選任せよと圧力をかけるものと予想されます。

分割解体か非上場化を迫られる東芝

コングロマリット・ディスカウントの解消要求、つまり東芝の「ばら売り」要求や、人民解放軍や中国政府との関係が懸念される人物の役員選任要請などから類推すると、中国への兵器に軍事転用できる機微技術を持つ東芝を解体して何らかの手段を使い、高値で売却し、その高額な売却対価をアクティビスト・ファンドの懐に入れるという筋書きが見えてきます。

また、「モノ言う株主」の要請を受け、2022年2月、東芝はこれまで1000億円を株主に還元するとしていましたが、今回これを一気に3倍に引き上げ、今後2年間で3000億円を還元するという方針を打ち出したのです。東芝キャリアなどの売却益2000億円が、ほぼ丸ごと株主の懐に入る計算になります。つまり、東芝は、事業を売却して現金化し、売却で得た現金を株主還元しようとしているのです。早稲田大学のスズキ・トモ教授の指摘する通りの展開です。東芝は、株主から要求されれば、また事業を売却して株主還元するのでしょうか。

東芝は一部のアクティビスト・ファンドの主張を受け入れる形で、2021年11月、自身のインフラサービス事業（エネルギーシステムソリューション、インフラシステムソリューション、ビルソリューション、デジタルソリューション、電池事業）とデバイス事業（デバイス&ストレージソリューション事業）の2事業を会社分割し、会社分割後の東芝は、キオクシアホールディングス株式会社（以下、キオクシア）と東芝テック株式会社の株式を管理する企業になると発表しました。

インフラサービス、デバイスの2社は2024年3月期の後半に株式上場する計画になっていますが、これは東芝を部門ごとに解体して売りやすくする効果を生むものです。この三分割案は、2022年2月に大幅修正され、経営陣は東芝本体にインフラサービス事業を残しデバイス事業のみを分離する二分割案を提示しました。

しかし、他のアクティビスト・ファンドからはこの会社分割に反対する声が出ていました。アレン・チュー氏を東芝の役員に推薦した3Dインベストメント・パートナーズは、東芝宛に送付した公開書簡の中で、「非中核事業の価値最大化」を訴えています。これは「外部に高く売れる事業があれば高値で売却せよ」ということです。つまり、会社分割はせずに高く売り抜けることができる事業は売却して現金化し、株主へ払い戻せという意味になります。

実際、東芝の二分割案では、東芝の事業が中核事業と非中核事業に分類され、空調、昇降機、照明、東芝の子会社である東芝テック（リテール／プリンティング事業）の切り出しと売却が打ち出されました。空調を手掛ける東芝キヤリアは、保有する発行済み株式60％のうち55％が米国のキャリア社に売却されることになっています。

3月末の臨時株主総会で、この会社提案の二分割は株主により否決されました。この議案については総会の前から、「モノ言う株主」側が「企業価値を損なう」として相次いで反対を表明していたほか、株主に議決権行使についてアドバイスする会社も反対を推奨。さらに、東芝の昔からの個人株主らが反対に回りました。東芝の株式を長い期間保有し東芝を愛する個人株主らは、東芝経営陣が「モノ言う株主」の言いなりになり、事業を売却しては配当に回す姿をみて反対票を投じたのです。

採決の結果、分割案への賛成票は過半数に届かず、議案は「否決」されました。今回の議決に法的拘束力はありませんが、「モノ言う株主」との対立を解消する狙いがあっただけに、否決されたことで会社側は事業方針の大幅な見直しを迫られた形です。

今後の動向は現状では不透明ですが、一部の大株主は東芝をいったん非上場化させて経営再建させる案を支持しています。いずれ再上場した後に株式を手放せば、多額の売却益が見込めるという思惑です。

しかし現経営陣は、21年1月に東証1部に復帰したばかりであることなどを理由に、非上場化には否定的です。21年4月にCVCキャピタル・パートナーズが買収による非上場化を提案した際は、当時の取締役会が事実上の門前払いにしました。しかし、今回の分割案が否決されたことによって、経営陣と株主の力関係は株主側へと傾いています。非上場化の議論は避けがたい情勢です。

非上場化される場合、外為法がありますので、原子力事業を行い、防衛省に装備品を納入する東芝を安全保障の観点からベインキャピタルなどの外資系ファンドに売却することは実現しないでしょう。他のファンドと共同で買収することになりますので、経済産業省が出資するファンドなどと共同で買収し、経営体制を再整備して、再出発することも現実的な選択肢としてありうると考えています。

東芝への警戒を怠るな

外為法があるので、東芝を正面から中国企業に直接売却することはできません。経済産業省は、「外為法があるから大丈夫」と考えています。確かに、世の中が法律を守る人だけならば、経済産業省のおっしゃる通りです。しかし、中国人がダミー会社を使い土地を入手するように、日本の投資ファンドなどをフロントに立てて、東芝の技術を手に入れることを想定し、対応しておくことが必要です。技術を盗み取りたい連中は、しばしば非合法な手段も使うことがあるのが現実です。非合法な手段でも、狙った技術を盗み出せば、懸念国の勝ちです。その後で「彼らが法律を破ったので、技術が盗まれた」では言い訳にもなりません。

わが国では東芝を国内のファンドやダミー会社に買収や業務提携させた後、目当ての技術を不法に移転することも起こりうると想定して、情報漏洩対策を講じることが必要なのです。経済産業省は東芝と連携して、同社に接触した企業や人物の名前を逐次報告させ、公安調査庁と連携するくらいのことは、当然行っていると思いたい。今後とも東芝に接近する懸念国の動きには警戒が必要です。

機微技術を持つ東芝が、株主資本主義者や「モノ言う株主」により迷走し、技術窃取が懸念される事態を見れば、日本にスパイ取締法が必要であることがおわかりいただけると思います。

国家が、一部の株主の投資リターンよりも国民の生命と財産を守ることを優先するのは当り前です。安全保障に基づく投資規制は、投資家の利益よりも優先するので、国家安全保障に悪影響を及ぼすM&Aは外為法により阻止するのは正当な行為なのです。

2022年2月7日の日本経済新聞で、東芝の綱川智前社長は、記者の「株主からは非公開化の検討を求める声もありました」という質問に対し、「非公開化については、戦略委員会が21年11月までに海外投資ファンド数社と話をした結果、スピンオフ（分割）のほうが企業価値が上がると判断した。一般的に外資系ファンドの傘下に入ると、原子力や防衛、自治体で合意している受注が減少する。安全保障に関わる事業を手掛けており、（非公開化に必要になる）外為法や海外の独占禁止法の手続きも複雑だ。こうした問題を解消する実現可能な案が来れば検討する」と答えています。

東芝の経営陣が考えるべきことは、コングロマリット・ディスカウントを解消するという名のもとに、東芝の事業を売却して現金化し、株主還元することではありません。上場維持を目的化して、結果、強欲株主にしゃぶられ続けることではありません。

これまで述べてきた経済安全保障上のリスクを考えると、東芝の機微技術や軍民両用技術が中国に渡り、軍事転用されることは看過できない事態です。これらの機微技術の移転は、同盟国であるアメリカにも大きな影響を及ぼすのです。綱川社長は、「モノ言う株主」らにより解任され、島田太郎社長が後任になりました。東芝の経営陣が優先すべきは、政府や国民、東芝を長年支えてきた個人株主が納得するかたち、場合によっては、日本企業との事業統合や経営統合で本業力を強化し、競争優位を確保することではないかと考えます。

テンセントによる楽天への資本参加は純投資か

2021年3月12日、楽天株式会社は、「日本郵政グループと楽天グループ、資本・業務提携に合意」と「第三者割当による新株式の発行及び自己株式の処分に関するお知らせ」の2本のプレスリリースを公表しました。後者のリリースで、楽天株式会社（現：楽天グループ株式会社）は、中国の騰訊控股有限公司（Tencent Holdings Limited：テンセント）との業務提携と第三者割当増資による資本提携について公表しました。

このテンセントとの資本業務提携を巡り、2021年4月、日本とアメリカの両政府が、経済安全保障の観点から楽天グループ（以下、「楽天」という）を共同で監視する方針を固めたと報じられ、大騒ぎになったことを記憶する方も多いと思います。

この案件の何が問題なのかを説明する前に、M&Aの一形態である資本業務提携について説明します。資本業務提携とは文字通り、「業務提携」と「資本提携」をセットにして行うものです。業務提携とは、2社以上の独立した企業が支配権の獲得を意図せず、相手方の技術やノウハウを利用することにより、シナジー効果を生み出し、競争優位を強化するもの。一方、資本提携とは、片方の当事者企業が相手方企業の株式を取得し、議決権を得ることです。資本提携の中には、両当事者がお互いの株式をそれぞれ取得し、議決権を相互に持ち合うこともあります。資本提携を行うことで、業務提携よりも強固な関係性を構築することになるのです。

楽天は日本郵政株式会社、日本郵便株式会社との資本業務提携を発表しました。物流、モバイル、DXなどさまざまな領域での連携を強化することを目的として業務提携合意書を締結したものです。楽天の発表文には「両社グループは、本資本・業務提携に基づき、お客様の利便性の向上、地域社会への貢献、そして事業の拡大を目的に、両社グループの経営資源や強みを効果的に生かしたシナジーの最大化を図ります」との記載があります。また、資本提携では、日本郵政と楽天の両社グループの関係を強化するため、日本郵政による楽天への第三者割当増資（新株を資本提携先に発行する行為）による株式引受契約を締結したと書かれています。

次に、楽天とテンセントとの公表内容も見ましょう。２０２１年3月12日付プレスリリースにはこのように書かれています。

「また、割当予定先であるImage Frame Investment（HK）Limited（本社：香港、代表者Ma, Huateng　以下「Image Frame Investment」といいます。）の親会社であるTencent Holdings Limited（本社：中国深圳市、代表者 Ma, Huateng）（以下「テンセント」といいます）と当社はこれまでも長年インターネット業界の動向について意見交換してきたところ、２０２１年に入り、両者の間でテンセントグループ（テンセント及びその関係会社をいいます。以下同様です）が当社株式を引受ける方向で議論が開始されました。テンセントグループは、コミュニケーション、ソーシャル、ゲーム、デジタルコンテンツ、広告、フィンテック及びクラウドサービスを提供している世界的なインターネット企業であり、Weixin及びQQといった、中国にてインターネット業界をリードするコミュニケーションおよびソーシャルプラットフォームを運営しています。インターネット及びテクノロジー業界におけるグローバル化が加速する中、先進的なテクノロジーを有するテンセントグループとの協業を通じたサービスの充実を目指し、テンセントグループとの関係強化を図ることは、当社グループの競争力と機動力の向上につながるものと判断し、当社がテンセントグループに対して本第三者割当を行うことに合意いたしました。今後、協業していく分野として、デジタルエンターテインメント、Eコマースなどを検討しております。なお、テンセントによれば、通常テンセントは同社の投資持株会社を介して他社に投資をしています。そして、Image Frame Investmentは、テンセントがその持分の100％を保有する投資持株会社であることから、同社が当社株式を保有することが適切であると考えたとのことです」

（以上、転載）

楽天の古橋洋人常務執行役員は2021年3月12日、経済、金融情報の配信などを行う米国の大手総合情報サービス会社、ブルームバーグによるインタビューで、ゲームの開発や国内出店業者の中国市場への進出を視野にテンセントと連携する可能性について言及しています。

さらに、同年3月16日、楽天の三木谷浩史会長兼社長（以下、三木谷氏）は、ブルームバーグテレビジョンの英語放送にオンラインで出演し、「中国では日本の製品やコンテンツはとても人気だが、日本企業にとってそれらを中国へ出品することはとても難しかった」と指摘。テンセントとの提携で、「われわれの出品者やコンテンツパートナーが中国に出品するのにとてもいいチャンネルになると感じている」と語りました。

ブルームバーグは、「具体的なテンセントとの提携戦略については数カ月以内に公表する意向だ」と報じています。

つまり、日本郵政と楽天、テンセントと楽天の案件構造は、両者とも資本業務提携の要件を満たしています。なので、楽天もテンセントからの資本受け入れを資本業務提携と言っていたのです。

ところが、この資本業務提携が外為法違反ではないかという指摘があり、大騒ぎの事態になりました。

改正外為法とポートフォリオ投資制度

わが国の外為法は外国人等投資家に対して、安全保障に関わる分野で、国内企業への出資を制限しています。外資規制は多くの国で導入されている制度です。

アメリカのFIRRMA（外国投資リスク審査近代化法）施行に歩調を合わせ、日本でも2020年、改正外為法が施行されました。改正外為法では、外国人等投資家に事前届け出を求める出資比率の基準（閾値《いきち》）を10％以上から1％以上に厳格化したのです。

楽天は日本郵政と同様、テンセントに対しても第三者割当増資を使った資本提携を行い、3月31日に第三者割当増資の払い込みは完了しました。この結果、テンセントが保有することになった楽天株式の保有比率は、3・65％になりました。これでは、1％の閾値《いきち》を超えてしまい、外為法違反になります。

そこで、楽天は、テンセントからの出資をポートフォリオ投資に基づく「純投資だ」と主張しました。外為法の改正では、金融業界からのロビー活動をうけて、いわゆる〝ポートフォリオ投資〟と呼ばれる制度が新設されたのです。ポートフォリオ投資とは、安全保障に関わる分野に属する日本の上場企業を対象にした制度です。資産運用目的で経営に関与しないポートフォリオ投資（純投資）の場合は、閾値を10％のままにし、事前届け出を免除する仕組みを設けたのです。適用対象は外国金融機関です。

財務省は「外為法改正の狙い」（2020年3月14日付）の中で、事前届出免除を受けるために守ることが求められる基準とは、以下の3基準であるとしました。

（1）外国投資家自らまたはその密接関係者が役員に就任しないこと

（2）指定業種に属する事業の譲渡・廃止を株主総会に自ら提案しないこと

（3）指定業種に属する事業に係る非公開の技術情報にアクセスしないこと

ポートフォリオ投資では、上記の3基準が順守されなければならないのです。ちなみに、楽天モバイルが営む通信事業は、指定業種に属する事業とされています。

日米両政府の動きに対し、楽天の三木谷氏は4月30日、中国企業のテンセントから出資を受けたことをめぐり、情報流出などへの懸念が指摘されていることについて「何をそんなに大騒ぎしているのかまったく分からない」と懸念の声を一蹴しました。また、三木谷氏は「何のことで監視をしているのか。（テンセント子会社は）米テスラなどにも投資している一種のベンチャーキャピタルだ」とも述べたのです。

しかし、財務省が外国金融機関として定義しているのは証券会社、銀行、保険会社などの7つだけです。テンセントは中国の巨大IT企業であり、これらに該当しません。楽天とテンセントの間で前述のような業務上の取り組みを行い、かつ、テンセントが楽天の株式を取得したとなれば、テンセントと楽天との取り組み内容は、日本郵政と楽天との資本業務提携と同じストラクチャーと判断します。私は楽天が主張する純投資には当たらないと考えています。この問題とは別に、日米両政府が楽天を共同監視会社にしたことには理由があります。

楽天が共同監視される理由

アメリカの外資規制の一つが、第1章で説明したFIRRMA（外国投資リスク審査近代化法）です。同法では、外資規制の対象をTechnology、Infrastructure、sensitive personal Dataとし、機微な個人情報が海外へ流出する可能性がある案件は、対米投資委員会（CFIUS）の事前審査の対象になる、としています。楽天が持つ膨大な個人情報が、第1章で説明した中国の国家情報法により、テンセントグループを通じて中国共産党に流れるリスクに、米国が重大な関心を持ったことは明らかです。

なぜ、個人情報が移転されることが問題なのか。その理由について、元内閣官房副長官補の兼原信克氏と慶應義塾大学教授の手塚悟氏が「デジタル安保でも欠落する国防意識」という対談（『月刊正論』２０２１年６月号）で説明されているので、その一部を転載しましょう。

「データ管理というのは最先端のサイバーセキュリティの話で、この二十年くらい世界中がすごく神経を尖らせています。日本は5Gのようなハードウエアへの対応は早かったが、サイバー攻撃やソフトウエアを使って大量にデータを抜かれるということに関して政府全体の危機意識が薄い。トランプ政権の時、アメリカは中国系動画投稿アプリ『TikTok（ティックトック）』の使用を一時止めましたが、なぜTikTokがだめなのか。入力している色んな情報、例えば生年月日、クレジットカードとか、恐らく全部中国のサーバーに抜かれるからです。彼らはそれをスパコンを使ってAIをかけて高度なインテリジェンス情報に加工できる。塵の山からダイヤモンドが生まれるんです。

人工知能は、人間がペーパーで情報分析すれば数年かかる作業を一瞬でやってしまう。例えばミスター何某が著名なテロリストと接触している可能性のある場所と時間、泊まったホテル、乗った飛行機、借りた車、その時の写真や電話通信の音声記録などを一瞬で割り出してしまう。一見どうでもよい大量のデータ自身が、人工知能のお蔭で非常に価値の高いインテリジェンスを生むのです。宝の山なんです。中国、ロシアには、そもそも『個人情報だから』なんて言う遠慮はないですよ」(兼原信克氏)

楽天が持つ膨大な個人情報が外国の手に渡るとどうなるか。経済安全保障の観点から看過できないリスクがお分かりいただけたと思います。この問題は楽天に限ったことではありません。

楽天の個人情報の流出については、さらに深刻な事態が生じています。筆者は、本書の出版元であるワック株式会社の月刊誌「WiLL」に寄稿したところ、インターネットテレビ「WiLL増刊号」に出演する経済評論家の朝香豊氏から「楽天グループが、プライバシー関連規約集を変更し、日本国外への個人情報の提供について、楽天グループ各社を含む、日本国外の事業者に業務の一部を委託する場合に、日本国外の事業者に個人情報を提供します」と情報共有がありました。(https://corp.rakuten.co.jp/privacy/data-transfers.html)

ここで気になるのが、テンセントや中国の国家情報法との関係です。この懸念に対し、楽天グループ株式会社お客様担当から返信された回答内容には「また、中国の国家情報法に基づく要請に関しましては内容を確認して検討致します」とありました。国家情報法は、テンセントにも適用されます。この点は個人情報保護にも直接関連することですので、日米両政府は強い関心をもって、事態を監視して頂きたいと考えます。

この事案から明らかになった外為法の抜け道をふさぐため、財務省は省令を変更し、先述した事前届け出免除を受けるために順守すべき基準に、「個人情報にアクセスしないこと」を追加することが必要だと考えます。

楽天が抱えた問題

２０２０年８月、アメリカのマイク・ポンペイオ国務長官（当時）は「悪意ある攻撃者から市民を守る『クリーンネットワーク』の取り組み」に関する声明を発表しました。

（１）中国の〝信頼できない通信キャリア〟をアメリカの通信ネットワークに接続させないクリーンキャリア

（２）アメリカのアプリストアから中国製などの〝信頼できないアプリ〟を排除するク

リーンストア

（3）ファーウェイなど〝信頼できない中国のスマホメーカー〟の製品で、アメリカ製アプリを利用できなくさせるクリーンアプリ

（4）アリババ、バイドゥ、テンセントなどの中国企業が、アメリカのクラウドにアクセスするのを防ぐクリーンクラウド

（5）中国と各国のインターネットをつなげる海底ケーブルが、中国共産党の情報収集に使われないようにするクリーンケーブル

上記の五つの方針を示して、中国共産党などの悪意ある攻撃からアメリカ市民のプライバシーと企業の機密情報を守るトランプ政権の包括的なアプローチを明示したのです。

これが前述のデジタル安保問題と関連していることは明らかです。アメリカでは、トランプ政権からバイデン政権に交代しましたが、クリーンネットワーク構想は取り下げられていません。

クリーンネットワークには、信頼できる通信会社として、日本からはＮＴＴ、ＫＤＤＩのみ名前が挙がり、当初、名前のなかったソフトバンクと楽天が後で追加された経緯があります。

仮に楽天がテンセントとの資本業務提携が原因で、クリーンネットワークから外れたら、楽天の通信事業は甚大な影響を受けるでしょう。

さらに想定される最悪のシナリオは、米国が国家安全保障や外交政策上の懸念がある企業を指定する「エンティティ・リスト」に、楽天が追加されることです。楽天がファーウェイやハイクビジョンなどと同じ扱いになり、米国での事業は困難になります。

２０２０年、米連邦通信委員会（ＦＣＣ）は、チャイナモバイル（中国移動）の米国進出を阻止する決定を下しました。２０２１年、ＦＣＣは中国電信（チャイナテレコム）の米事業免許を取り消し、２０２２年１月、中国の国有通信会社、中国聯通（チャイナユニコム）の米国内事業免許を取り消しました。中国の通信会社は、アメリカから安全保障上の理由で追放されています。この決定は、バイデン政権でも中国国有企業のデータ盗用やスパイ疑惑が懸念されていることを示しています。

三木谷氏は、テンセントとの提携で、「われわれの出品者やコンテンツパートナーが中国に出品するのに、とてもいいチャンネルになると感じている」と語りましたが、日米両政府の監視対象になった楽天は深刻な経営判断ミスを犯したのではないでしょうか。

ソフトバンクGは中国のアリババ株を保有していなかった！

次にソフトバンクグループの問題を説明します。

アリババグループがアメリカのSECに提出する年次報告書（Annual Report）を丹念に読むと、アメリカの証券取引所や香港証券取引所でアリババグループ株式と呼ばれている有価証券は、中国の杭州市（No. 969 West Wen Yi Road, Yuhang District, Hangzhou, Zhejiang China）にあるアリババグループホールディングリミテッド（Alibaba Group Holding Limited）が発行した有価証券ではなく、同社と資本関係にないケイマン諸島（GEORGE TOWN, GRAND CAYMAN, Cayman Islands）に登記された同じ名前（Alibaba Group Holding Limited）のペーパーカンパニーが発行した有価証券であることがわかります。この事実を理解するには、第1章で説明したVIEスキームを理解することが必要です。

第1章のVIEスキームでも触れましたが、投資家がアメリカの証券取引所で売買しているのは、ケイマン諸島に設立登記された資金調達のためのペーパーカンパニー（シェルカンパニー）が発行した米国預託証券（American Depositary Receipt：ＡＤＲ）です。

ＡＤＲとは、外国企業の株式を預託機関である銀行や信託銀行に預け、これを担保として、現地企業の所有権を示すＤＲ（Depositary Receipt）という有価証券を発行して、通常のアメリカの株式と同じようにアメリカの証券取引所で売買できるようにした有価証券です。なので厳密に言いますと、株式そのものではありません。ちなみに、現地企業の株式に対するＡＤＲの所有権の比率は、各銘柄ごとに違います。

ここで、次ページの図表5を使い、アリババグループのＶＩＥスキームがどうなっているかを説明します。

シェルカンパニーの名前は、中国の杭州にあるアリババグループと同名（Alibaba Group Holding Limited）です。シェルカンパニーは、その中間持ち株会社がケイマン諸島、香港、英領ヴァージン諸島にあり、ＷＦＯＥ（完全外国資本会社）が中国国内に5社あることが確認できます。

年次報告書には、ＶＩＥの持ち主が、中国人5名と記載されています。ＶＩＥである5社は、実際に付加価値情報通信サービス等（許認可事業）を行っています。

ＷＦＯＥとＶＩＥとの間では、包括技術支援契約（Exclusive Technical Services

図表5　アリババとVIEスキーム

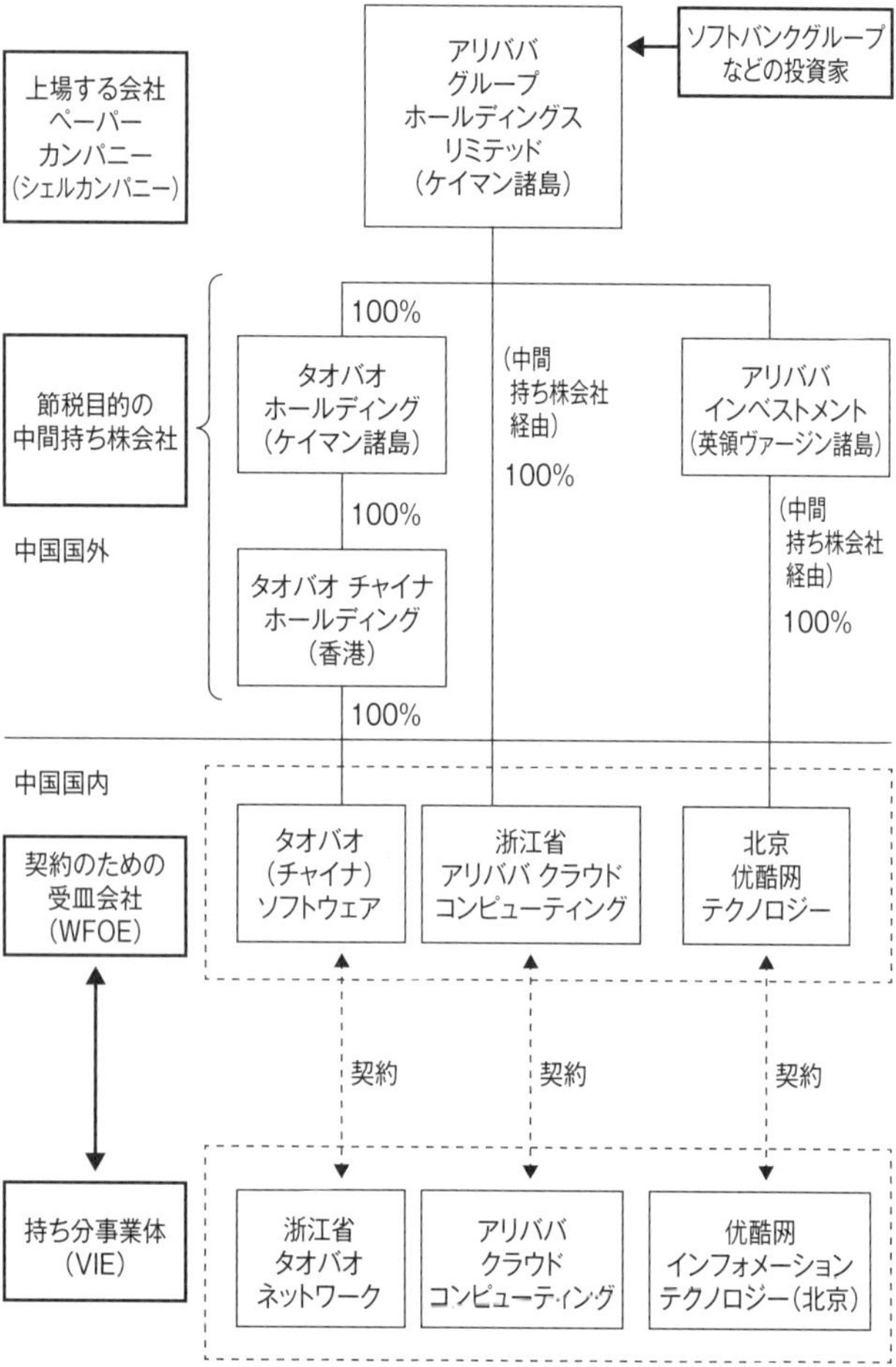

※アリババグループホールディングリミテッド(ケイマン諸島)発行の年次報告書から抜粋。筆者作成

Agreement）が締結されています。ＷＦＯＥとＶＩＥの持ち主との間では、①融資契約（Loan Agreement）、②コールオプション契約（Exclusive Call Option Agreement）、③委任契約（Proxy Agreement）、④株式担保契約（Equity Pledge Agreement）が結ばれています。

上記の諸契約が有効である限り、米国ではその連結ルールに従って、ＶＩＥへの支配権が確保され、ＶＩＥの利益をＷＦＯＥに帰属させることができます。ＷＦＯＥとＶＩＥとの間には資本関係はありません。

中国政府に締め付けられるアリババとその理由

中国政府がアリババグループへの締め付けを強めています。これは中国国内での権力闘争と関係しており、習近平執行部が政敵と近い関係にあるアリババグループを締め付けることは容易に想像できることです。

２０１３年７月、ニューヨークタイムズは、ケイマン・アリババが発行した株式と当時の政権幹部との関係について以下のように報じています。

胡錦濤氏が中国共産党の総書記であった２０１２年９月、アリババグループは、その株主であるヤフーが保有するアリババグループ株式の半分を76億ドルで買い戻しました。アリババグループは、ヤフーが所有していたこのアリババグループ株を中国のソブリンウェルスファンド、博裕投資顧問、中信資本、CDBキャピタルに売却して、買い戻し資金の一部を回収しました。アリババグループに投資している4つの中国企業の幹部には、2002年以来、中央政治局常務委員歴任者の20人の男性の息子や孫がいます。

博裕投資顧問（BoyuCapital）は江沢民元国家主席の孫である江志成氏が共同創業者の投資ファンド。中信資本（CITIC Capital Holdings Limited）は鄧小平・元国家主席が1979年に改革開放政策を推進するために設立したCITICグループの1社です。CDBキャピタルは中国開発銀行の民間投資部門。中国開発銀行は政治局常任委員会の委員を務めた陳雲の息子である陳元が率いていました。太子党と企業との関係に注目する必要があります。

2012年にヤフーが所有していたアリババグループ株式を買い戻すのに必要な76億ドルの資金を、太子党関係者が関連するファンドから資金調達し、ファンドはアリババグループの株式を取得することになります。アリババグループの株式上場時に売り抜けることで、売却益を得たことが想像できます。習近平中国共産党総書記にすれば、政敵に利益を供与したアリババグループを快く思わないでしょう。

アリババグループ創業者の馬雲氏の派手な振る舞いも中国政府に不快感を与えました。２０１７年、米国大統領選挙戦中、トランプ氏が「中国が米国の雇用喪失を招いた」と中国を批判していたことを承知の上で、馬雲氏はトランプ氏とニューヨークのトランプタワーで2者会談を行い、米国に１００万人の雇用を創出すると約束したのです。しかも、馬雲氏はトランプ氏と会談することを予め中国政府に話していなかったとされます。事前の承諾なしに派手なパフォーマンスを全世界に配信した結果、馬雲氏は中国政府の面子を潰したのです。これは中国人が最も嫌うことです。

２０２０年10月、馬雲氏は「中国政府は技術革新を阻んでいる」と中国政府を批判して再び中国政府の面子を潰しました。ここから中国政府による露骨なアリババグループへの締め付けが始まり、アリババグループに属するアント・グループの上場は認められませんでした。上場失敗後、馬雲氏は表舞台から姿を消しています。中国での事業展開は、政治権力に企業経営が依存します。江沢民派と習近平派の権力闘争が企業経営に影響を及ぼすことは容易に想像できるのです。

２０２１年8月、中国の中央規律検査委員会はアリババグループの本社がある杭州市のトップである周江勇書記や市の幹部、家族などがアリババグループと癒着し利益を得ていた重大な規律違反で調査していると発表しました。2022年1月、周江勇・元同市中国共産党委員会書記は党籍剝奪となり、公職を解任され、汚職などに伴う収賄罪の捜査などで検察に身柄を拘束されました。

2021年12月にはアリババ・クラウド・コンピューティングが、サイバーセキュリティの脆弱性を当局に報告しなかったとして、工業情報省がアリババ・クラウド・コンピューティングとの協力パートナーシップを一時停止します。6カ月後に再評価し、同社の内部改革に応じて復活させることを決めたと報じられました。中国政府は、2022年までに政府が後押しするクラウドに企業が保有するデータを移行しようとしており、この動きの一環とみられています。同月、アリババグループが、同社が保有するウェイボの株式約30%を国有企業の上海文広集団(上海メディア・グループ)に売却する交渉に入ったと報道されました。中国政府は、言論統制の観点からメディア資産を築いてきたアリババグループの世論に及ぼす影響を懸念し、メディア資産を手放すよう望んでいるとされ、国有企業への株式売却はその意向に沿うものと考えられます。

ところが2022年4月29日、中国共産党中央政治局会議は「特別な改善を完了し、平常状態の管理を行う」とし、アリババグループなどに対する締め付けを中止する方針を表明しました。習近平総書記3期目入りがかかる党大会を睨み、中国経済の減速を受けた方針変更です。この方針変更が党大会後、いつまで続くかに注目しています。

投資家にVIEリスクを警告するアメリカ政府

米中対立の先鋭化に伴い、VIEの扱いに変化が生じています。このことを見落とさないことが肝要です。

VIEスキームを使い、アメリカの証券取引所に上場することは合法です。にもかかわらず、アメリカ議会の「米中経済・安全保障調査委員会」は2014年9月、VIEスキームを利用した中国企業のアメリカ証券取引所上場などを防ぐための法律を制定するよう要求しました。

2015年、中国国務院商務部は「外国で登記されたシェルカンパニーが中国の投資家によって実質的に支配されている場合、VIEは事業を継続できる。そうでない場合、事業を継続するために中国の規制当局に承認を求める必要がある」という見解を出し、VIEスキームを容認しました。株式市場は米中両政府がVIEスキームを黙認したと受け止めました。

中国では2020年1月から、中華人民共和国外商投資法が施行されています。この法律は、従来の「中外合資経営企業法」、「外資独資企業法」、「中外合作経営企業法」を一つにした中国での外資系企業による投資の促進、保護および管理に関する基本法です。ところが、この法律には、VIEスキームに関する条項が含まれていないのです。弁護士の中には、「外商投資法がVIEストラクチャーに適用されるとなれば、実質的支配の具体的な状況により、VIEストラクチャーは外商投資法に抵触する可能性がある」と注意喚起を行う人もいます。

2021年7月、アメリカの証券取引委員会（SEC）のゲーリー・ゲンスラー委員長は、「アメリカの投資家はVIEスキームに投資するリスクを認識する必要がある。中国を拠点とする企業のVIEは、他の組織構造にはないリスクをアメリカの投資家にもたらす」と述べました。

アメリカで、中国企業がVIEスキームを利用した株式上場を行う際には、より多くの情報を開示する必要があると警告を発しました。

同年9月、ゲンスラー委員長はアメリカの投資家に対し、再び、警告を発しました。

（１）中国政府が、ＶＩＥが外商投資法などの中国の国内法に違反していると判断した場合にはリスクにさらされること
（２）あらゆる契約を執行する際に中国の司法権が適用され得ること
（３）ＶＩＥの所有者とアメリカの株主との間で生じる利益相反の影響を受ける恐れがあること

「外商投資法ではＶＩＥスキームの扱いが定められていないので、中国政府がＶＩＥスキームを違法と判断したら、投資家のもつＶＩＥスキームを利用した有価証券（ＡＤＲ）は紙くずになるかもしれませんよ、契約で支配するだけで連結しているＶＩＥスキームだけど、その契約を施行する際には、独裁国家の法律が適用されるのですよ、そして、ＶＩＥの持ち主である中国人が、ＶＩＥの重要な資産をＶＩＥから他に移すことができますよ、この場合、ＶＩＥに重要な資産を残してほしいアメリカの投資家との間に利益相反問題があるのを理解していますか？」と、注意喚起したわけです。アメリカの投資家の中にも、ＶＩＥを理解せずに、自分が中国の事業実態のある中国企業を直接所有していると思い込んでいる人々が多かったからでしょう。

逆に、中国政府はＶＩＥスキームに対する監督を強化し、中国企業の海外上場規制を強

化し始めました。

２０２１年６月、中国の滴滴出行（ＤｉＤｉ）が、中国政府の意向を無視して、ニューヨーク証券取引所に上場しました。この上場をきっかけに、中国国内のデータが海外に流出することが、２０１７年に施行された中国サイバーセキュリティ法、２０２１年に施行された中国データ安全法と個人情報保護法に違反する可能性があるとしてクローズアップされたのです。

２０２１年７月、中国国務院は、「法に基づき証券違法行為を厳重に取り締まる意見」を発表しました。海外で上場する中国企業への規制を強化する方針を明らかにして、「ＶＩＥスキーム」を利用した株式に対する監視・監督の強化」を打ち出したのです。２０２１年から施行されたデータ安全法、個人情報保護法に対応し、ＶＩＥスキームがもたらす中国国外への情報流出リスクへの対応を確実に実施することが明示されました。同時に、関連する監督管理制度体系の整備推進も行う方針が明らかにされたのです。第１章で述べたように、データ安全法、個人情報保護法は、米中対立の先鋭化を反映したデジタル安全保障対策です。データの収集や中国国外への移転規制厳格化措置も含まれ、海外上場を計画する中国企業にも適用されます。

中国の動きに対し、アメリカのSECは2021年12月、アメリカの証券取引所に上場する外国企業向けの新規則にVIEの情報開示の強化を盛り込みました。

アメリカのSECの動きに対し、中国国務院と証券監督管理委員会は、中国企業の海外上場の監督を強化する新しい規則案を公表しました。証券監督管理委員会が国家の安全に危害を与えると判断した企業は海外上場を認めず、VIEスキームを事実上の許可制にしたのです。

2015年に中国国務院商務部が出したVIEスキームを黙認する見解内容とは明らかに変わりました。VIEスキームは、米中の規制措置の標的となり、金融市場のデカップリングが進みつつあります。中国政府の裁量で、VIEスキームが違法になる可能性があり、中国政府の措置次第では、VIEスキームを使う中国企業の株価に重大な影響を及ぼす状況になっているのです。

チャイナ・ビジネスリスクに直撃されたソフトバンクG

これまで説明してきた通り、中国のアリババグループはVIEスキームを利用して、ケイマン諸島に登記したシェルカンパニーが発行する有価証券をアメリカと香港に上場しています。このアリババグループの筆頭株主が、投資業務に事業の主軸を移したソフトバンクグループ株式会社です。米中対立の先鋭化がもたらしたチャイナ・ビジネスリスクについて、ソフトバンクグループを例に説明しましょう。

1981年に孫正義氏がソフトバンクグループを創業しました。この会社の主力事業は幾多の変遷を経て、現在は投資持ち株会社として、アリババグループ株式などを保有しています。この会社はビジョン・ファンドなどのファンド運用も行っています。2021年5月12日、同社は同年3月期の連結決算（国際会計基準）を公表しました。純利益は4兆9849億円となり、世界的な株高の恩恵を受け、国内企業で過去最高の純利益を上げたのです。

ところが、株価は政治情勢に反応します。株式市場は中国政府のアリババグループに対する姿勢をネガティブにとらえ、アリババグループ株式は下落しました。アリババグループの株価下落は、ソフトバンクグループの資産を直撃したのです（図表6参照）。

ソフトバンクグループが発表した2022年12月末の第3四半期決算資料によると、時価純資産（NAV）は、前年同期比で13兆1300億円から5兆9700億円に減少しま

図表6　ソフトバンクグループが保有する株式の時価推移

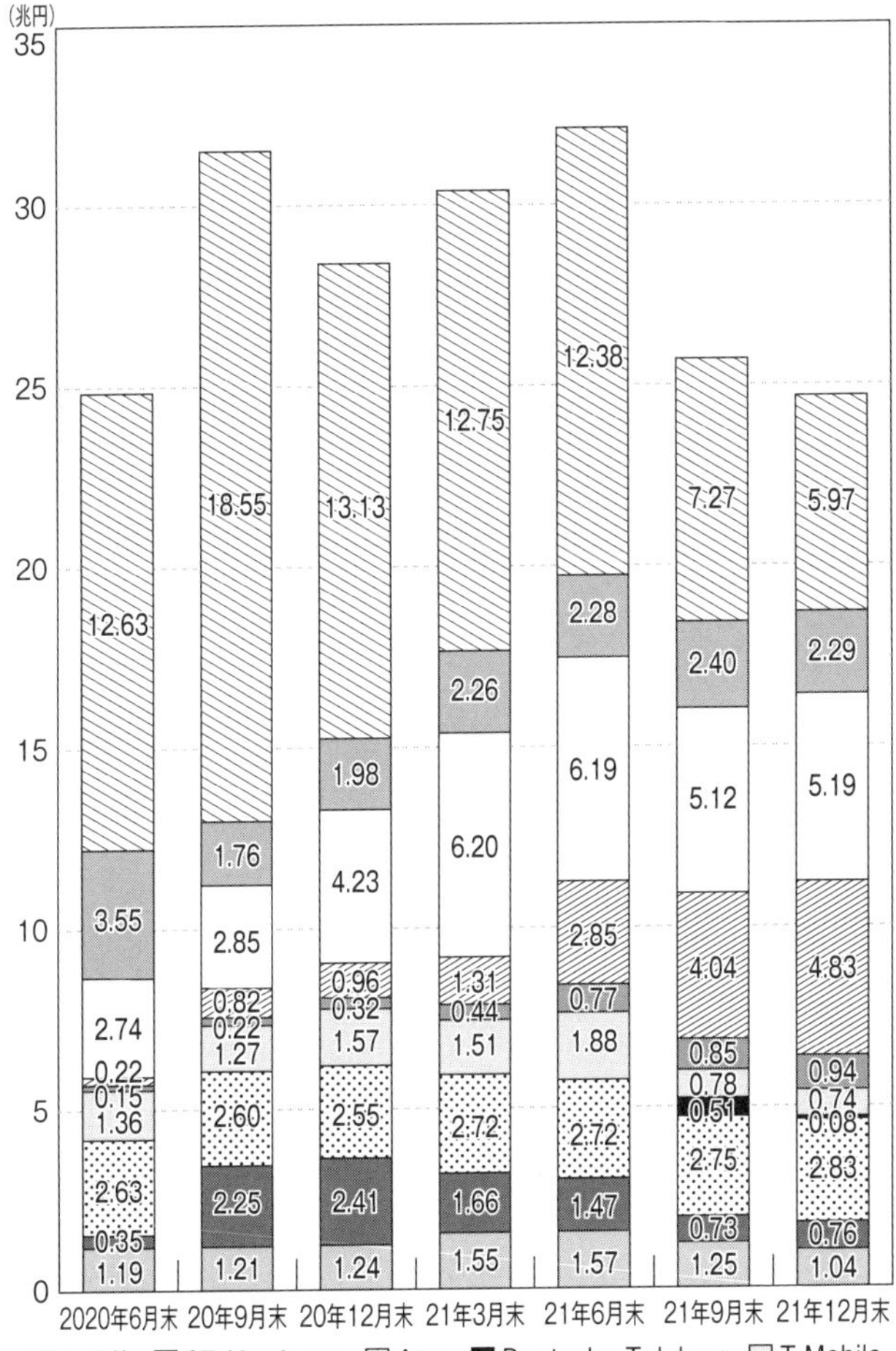

※会社発表の決算説明会資料を使用し筆者作成

した。これは、ニューヨーク証券取引所におけるアリババグループ株価が２３２・７３米ドルであったものが、１年後の２０２１年12月31日には、１１８・７９米ドルまで下落したため、ソフトバンクグループの時価総額（所有株式数×株価）も株価下落に伴い半減したからです。

同社の２０２２年度第３四半期決算を見ると最終利益は前年同期比で、１兆１７００億円から２９０億円に減少しました。98％減で、これは１００円の最終利益が２円になったことと同じです。

同社のビジョン・ファンドは中国を主要出資国とし、情報通信業界の未公開企業に投資し、その投資先が米国の証券市場で株式上場を実現することで、キャピタルゲインを得るビジネスモデルで成功してきました。ところが、その勝利の方程式が、米中対立の先鋭化で通用しなくなりました。このため、ビジョン・ファンドは、チャイナ・ビジネスリスクを分散するため欧州にある企業への投資を増やさざるを得なくなりました。

また、メディアは指摘しませんが、中国のインターネットサービス企業は、外資規制によりすべてＶＩＥスキームを利用しています。つまり、**ソフトバンクグループが保有する中国のインターネットサービス企業株式は、すべて租税回避地につくられたペーパーカン**

パニー（シェルカンパニー）が発行した有価証券（ＶＩＥスキーム株）であることを見落とさない方がよいと思います。

ソフトバンクグループの決算説明会で、孫正義氏はあたかもソフトバンクグループが、中国のインターネットサービス企業の株式を直接保有しているかのような振る舞いを見せました。しかしその実態は、ソフトバンクグループが中国のインターネットサービス企業に直接投資はできないので、アリババグループなど経営への影響力はないのです。

ＶＩＥスキームを利用した株式に投資する魅力とは、中国に実在し事業実態のあるＶＩＥを所有していない以上、事業実態のあるＶＩＥが稼ぎ出す利益が、アメリカの会計基準によりシェルカンパニーに連結されて、投資家に配られる配当です。要は経営権はなく配当を受け取るだけです。

ところが、ケイマン諸島に登記されたアリババグループは、少なくとも直近の３年間は配当を払っていません。つまり、投資した株式からリターンがないのです。投資した株式が何も生み出さない状態が続いているのです。極端なことを書くと、ケイマン・アリババに投資する資金（６兆円）を日本の銀行の普通預金に預けておくだけで、わずかですが、金利がついて、お金が増えるから、そのほうがずっと得です。ソフトバンクグループの株主は、同社が企業価値向上につながらない株式を保有していることに不満を抱いているかもしれません。

米中対立により、資本市場におけるデカップリング（切り離し）が始まりました。中国政府の政策転換により、中国企業の海外上場は実質的な許可制に変えられ、アメリカは外国企業説明責任法を施行し、適切な監査内容を確認することができない中国企業を、3年後にアメリカの証券市場から追放することになりました。独裁国家では法律が突然成立し施行されます。このことは、チャイナ・ビジネスリスクの典型例です。日本企業は、中国にコミットしたビジネスモデルが破綻したソフトバンクグループを他山の石とする必要があるでしょう。

「センスタイム」という"闇"

ソフトバンクグループには、人権侵害を許さないという西側諸国の普遍的価値観から見ても、企業の社会的責任上、問題があると考えています。それが、商湯科技開発有限公司（センスタイム。英：SenseTime Group Ltd）への投資と株式を保有し続けていることに現れています。センスタイムは人工知能（ＡＩ）を使った画像認識の技術を持つ企業で、アメリカ政府が同社の画像撮影・認識技術を問題視しています。同社の技術とは、対象者の民族性を判断する顔認識のもので、具体的に言うと、ウイグル人の特徴を割り出す顔認証に優れ、骨格的な特徴などの膨大なデータを蓄積し、それをもとに見分けることに重点を置いた技術開発をしているのです。ウイグルの人権侵害、監視に加担していることは明らかです。当然、アメリカ政府は、人権侵害を許さない立場から「これは人権侵害に加担しているのではないか」と指摘しています（センスタイム社は否定しています）。

２０１９年、アメリカ政府はセンスタイムをエンティティ・リストに追加し、２０２１年に第１章で紹介した中国軍産複合体企業リストに追加しました。そして、大統領令１４０３２号に基づき、全てのアメリカの投資家にセンスタイムの株式取引を禁止したのです。株式取引禁止だけではなく、ＯＦＡＣ（アメリカ外国資産管理局）規制で経済制裁措置を行うことにしたのです。

このセンスタイムはソフトバンクグループから出資を受け、ソフトバンクグループはセンスタイムの大株主になっています。センスタイムは２０１４年の創業ですが、２０１８年９月にソフトバンクチャイナベンチャーキャピタルが10億ドルの資金調達に応じました。

大統領令14032号で中国軍産複合体企業リストに追加されたセンスタイムは、当初計画していた上場日程を延期し、調達した資金で、ウイグル人の顔認証技術にさらに磨きをかけていくということができなくなりました。

こうしてセンスタイムはやむなく、2021年の12月、VIEスキームを利用した株式を香港証券取引所に上場することになりました。

人工知能（AI）は、軍民両用技術です。一部の報道機関は、中国のAI開発企業がアメリカで株式上場を行うと煽っています。私は、アメリカ政府は大統領令14032号を使い、中国のAI企業の上場を国家安全保障上の必要から阻止すると見ます。

体温測定に顔データの提供は不要

2019年にソフトバンクは、センスタイムが開発した個人の認証技術を日本で提供するために、日本コンピュータービジョンという会社を設立しました。

この会社は、センスタイムの検温兼個人認証システム「センスサンダー」を提供します。同社によると、AI顔認証カメラを使い、対象者の体温を0・5秒で測定するそうで、赤外線のみならず顔認証からも体温を測定できるそうです。体温検査と同時に、顔から1000～2000の特徴を抽出して、顔を認証し、個人を特定します。顔認証技術「SensePass」はディープ・ラーニング顔認識アルゴリズムに基づいて個人の身元を確認し、「SenseLink Cloud」はPCのブラウザ上で「顔認証」と「温度検知」の履歴確認ができ、接続する複数デバイスの「一元管理」を実現しています。利用者によるサーバーの構築・運用・セキュリティ対策が不要であるとしています。

武漢ウイルス感染拡大防止の観点から、体温を測定することは必要ですが、同時に、個人の顔データを収集する必要があるでしょうか。手首で体温を測るだけですむはずです。センスタイムの技術を使った顔認証システムは、商業施設やオフィスビル、病院などに設置されています。

この問題は、法律の不備に光を当てました。顔認識データについて、個人情報保護法は、取得時の本人同意を不要としているのです。現状は、顔認識データの利用目的や問い合わせ先の明示がカメラの設置場所に必要との見解を示すに留まっています。

国の個人情報保護委員会は、顔の特徴から個人を特定する顔認識カメラの画像データの扱いを厳格化する方針です。画像情報を保管するサーバーが外国にあれば、深刻な問題を引き起こします。以前、LINEのサーバーが韓国にあることが問題になりました。LINEのデータが韓国を通して中国に漏洩していた事件を忘れてはならないと思います。

ソフトバンクグループは自社のホームページで「人権ポリシー」を掲載しています。「私たちはバリューチェーンにおいて、強制労働、児童労働、奴隷労働、人身取引などの人権侵害や違法行為をしません」と高らかに謳っています。しかし、自社が投資して大株主になっている会社が、実はウイグル人の顔認証で重要な役割を果たしている。これはこの人権ポリシーと矛盾しているのではないでしょうか。

人工知能技術を人権侵害の道具に使う中国。中国共産党が国民を支配する独裁国家では、たとえ、人工知能の会社の社長が、その技術を平和のために使いたいと考えても、独裁者の命令で、人権侵害用途に使用せざるを得なくなります。中国の人工知能会社へ資金を提供することは、間接的に、人権侵害行為に加担することだと言われても仕方ないのです。投資して金さえ儲けることができれば、どんな会社へも資金提供するという拝金主義的な考えもありますが、こうした考えの企業が「社会的責任」を語ることは笑止千万な話です。

第3章

中国に貢献し日本に背を向ける学術界

人民解放軍系列の「国防七校」とは

軍民融合政策の中国には、人民解放軍系列の大学があります。正確には、国務院に属する工業・情報科学部の国防科技工業局が直接管理する大学で「国防七校」と呼ばれています（図表7）。国防七校は兵器の開発・研究で重要な役割を担います。中国共産党と直接、軍事技術開発契約を結び、機密度の高い兵器や武器装備を研究・開発するための「装備認証単位資格」と「武器装備科研生産単位一級保有然資格」を持ち、軍事や国防産業、ハイテク産業に深く関わっています。

最近の報道を紹介します。例えば、２０２１年11月23日、国防七校のひとつである北京航空航天大学は、そのウェブサイト（http://soft.buaa.edu.cn/info/1115/6861.htm）で、アメリカ政府の中国軍産複合体企業リストに掲載された中国電子科技集団有限公司との間で、戦略的協力協定を調印したと発表しています。調印式は中国電子科技集団有限公司董事長で共産党組書記の陳肇雄氏および北京航空航天大学共産党委員会の書記である曹淑敏氏等の指導部が立ち会う盛大なものでした。調印式では、両者が核心技術の難関攻略を目指し

図表7　中国の「国防7校」

大学名	特　色
北京航空航天	中国唯一の航空専門大学。フライトシミュレーター、無人飛行機、ロケットエンジンも手掛ける。重点投資大学
哈爾濱工業	宇宙工学や機械製造、航空機設計に強い。重点育成対象大学
北京理工	国防技術人材の育成と国防科学技術の研究における重要教研機関。軽戦車、レーダー開発などに強い
哈爾濱工程	国防科学教育委員会、教育部、黒竜江省人民政府と中国海軍が共同設立。国防科学技術工業委員会直属の全国重点大学。船舶工業、海軍装備、海洋開発、原子力応用分野の科学研究拠点
南京航空航天	航空、宇宙、民用航空学科を擁する。中国初の無人大型地上誘導機、無人核実験サンプル採集飛行機などの研究成果
南京理工	中国軍事科学技術の最高峰である「中国人民解放軍軍事工程学院」が前身。「兵器技術人材の揺りかご」と呼ばれる
西北工業	無人機械、水中兵器、材料技術、コンピュータ分野で数多くの中国一になった。小型ドローン、航空用コンピュータなどを開発

各大学ホームページ等を参考に筆者作成

て力を凝集し、共に強国強軍事業に役務を提供し、ハイレベルな科学技術自立自強のためにより大きな貢献を果たしていくことを確認しました。

2022年3月2日、チャイナデイリーは今年2月、哈爾濱《ハルビン》工業大学の重慶研究所の「水素パワーと低炭素エネルギー研究センター」が開発中の翼幅4メートル、最大離陸重量30kgのドローンの初飛行を行い、2~3年後に就役すると報じています。従来のリチウム電池の代わりに水素電池を利用するこのドローンは、垂直離着陸固定翼飛行モードを採用し、ローターを使用して指定された高さまで上昇し、固定翼飛行モードに切り替えて飛行します。7人の研究者のチームが1年以上かけて設計したこのドローンの目的について、開発者は、「ドローンは現代戦の空の目として役立ち、継続的な監視をすることができます」と述べ、軍事偵察用途であることを示唆しています。

アメリカはこの国防七校へのデュアルユース技術流出対策として、国務省産業安全保障局（BIS）が、中国の政府系団体や民間企業とともに、国防七校を「エンティティリスト」（EL）に追加しています。

他にもアメリカやイギリスは対策を講じています。アメリカではトランプ政権（当時）が国内に滞在する一部の中国人留学生や研究者の査証（ビザ）を停止しました。対象は人民解放軍の影響下にある大学（国防七校や共建高校など）に関係する大学院生や研究者で、米国務省は2020年6月以降、すでに1000人を超える大学院生及び研究者のビザを停止し、すべて国外退去させました。

イギリスは外国人大学院生の受け入れ管理規定である「アカデミック・テクノロジー承認計画（ATAS＝Academic Technology Approval Scheme）」に基づき、2020年10月1日からイギリスの大学院で国防や軍事技術などを学ぶ外国人に対して、審査を強化しました。イギリス政府は、審査対象である外国人学生の研究分野範囲を拡大しました。オーストラリア戦略研究所は、「2007年から17年の10年間に中国軍は2500人以上の科学者を海外に派遣し、その一部は民間人になりすました」と報告しています。

国防七校と日本の大学

日本には、大学や研究所を経由して軍民両用技術や機微技術が中国に流出し、軍事転用されていることに対する危機感がありません。国防七校の存在や留学生によるわが国由来の軍民両用技術持ち出しと留学生帰国後の軍事転用は、日本のマスメディアではタブーとされ、ほとんど報道されなかったため、この問題を知る国民はいませんでした。私は、「千人計画」を欧米のメディアのニュースサイトで調べる中で、「The Seven Sons of National Defense」が出てきたことがきっかけとなり、国防七校のことを調べることになりました。

文部科学省のウェブサイトで日本の全大学と世界各国の大学との提携関係を公開情報として出していたので、この資料から国防七校と提携する日本の大学を調べ上げた結果が、次ページの図表8です。

この結果に驚愕し、以前から存じ上げていた自由民主党衆議院議員（当時）の長尾敬議

図表8　中国の「国防7校」と提携する日本の大学

中国側大学名	国公立大学	私立大学
北京航空航天	東北、筑波、東京、新潟、大阪、岡山、広島、徳島、九州	工学院、立命館
哈爾浜工業	東京工業、北海道、東北、山形、東京、新潟、名古屋、大阪、神戸、広島、徳島、佐賀、熊本、国際教養、会津、高知工科、	上智、千葉工業、桜美林、早稲田、中部、立命館、長崎総合科学
北京理工	宇都宮、埼玉、電気通信、名古屋、名古屋工業、三重、京都、香川、九州、高知工科	千葉工業、大東文化、中央、東京工科、東洋、名古屋商科、立命館、神戸芸術工科
哈爾濱工程	北海道、電気通信、京都、岡山、香川、高知工科、大阪府立	
南京航空航天	北見工業、東北、名古屋、高知	立命館
南京理工	北海道、九州	創価、東京理科、福岡工業
西北工業	千葉	芝浦工業、東京理科、法政、武蔵野

出典：文部科学省：海外の大学との大学間交流協定、「大学における教育内容等の改革状況調査（平成29年度実績）より

員に相談しました。彼は日本の将来を心配し、行動する保守政治家です。彼はこの実態に驚き、国会議員として初めて内閣委員会でこのタブーを取り上げて質問し、深い闇に光を当てたのです。その生々しい質疑応答は、長尾たかし著『永田町中国代理人』（産経新聞出版）に出ています。質疑応答の中で、驚くべきことを、長尾議員の承諾を得て転載します。

長尾議員　「中国国防七校と交流協定を締結している大学は何校あるのか、そのうちどのような分野でこの共同開発研究を行っているのか、文科省さん、どのように把握してい

らっしゃるんでしょうか」

森田政府参考人　「お答え申し上げます。（中略）この共同研究のさらにその具体的な分野までは調査をいたしておりませんので、ご質問の分野ということになりますと、把握していないという状況でございます」

驚くべき答弁で、呆れ返りました。

学校法人を所轄する文部科学省が、人民解放軍系の武器開発大学から来日する留学生が、日本のどこの大学で何を研究しているのかを把握していないという事実。国防七校から日本に来る留学生が、日本の歴史や文学を研究しに来るとは考えられません。仮に、帰国後の軍事転用黙認というパンドラの箱を開けたくないので、報告を求めていないのならば、監督責任の放棄と受け取ることもできます（文部科学省の役人が、風俗街の若い女性の貧困調査や天下りのことで、頭が一杯とは思いたくありません）。

日本の経済産業省は、大量破壊兵器開発などへの関与が疑われる企業・組織を掲載した「外国ユーザーリスト」を作成しています。このリストに掲載された企業や大学への輸出や技術開示を行う場合は、原則として経済産業大臣の許可が必要になります。当初ここには北京航空航天大学、哈爾濱《ハルビン》工業大学、西北工業大学の3校が記載されていましたが、やがて哈爾濱工業大学、北京理工大学が追加されました。しかし残る2校はまだ外国ユーザーリストに記載されていないのです。この2校を外国ユーザーリストへ追加することが必要だと思いますが、経済産業省はこの2校をリストに追加しようとしません。この問題も、長尾議員が国会で取り上げ、質問しています。

長尾議員　「この外国ユーザーリストに中国国防七校のうち3校が掲載されているんですけど、このリストとは何か。なぜ3校なのか、ご答弁ください」

風木政府参考人　「お答えいたします。（中略）お尋ねの中国国防七校について、うち3校がすでに外国ユーザーリストに掲載されている、ご指摘の通りでございます。これで、安全保障貿易管理に関する審査においても、十分、当然考慮をしているということでございます。個別主体の評価、中身等は、これは安全保障にも関わる話でもあり、お答えは差し控えたいところでもあります。それから、今後の掲載可能性についても差し控えたいところでもあります。（以下、省略）」

外国ユーザーリストは、アメリカのエンティティリストに対応するものです。グローバリズムから経済安全保障の時代に入り、西側諸国は一致団結して、独裁国家へ軍民両用技術や機微技術が渡り、軍事転用され、西側諸国の安全保障を脅かす事態を防ぐことが求められています。経済産業省がアメリカと足並みをそろえ、２校を外国ユーザーリストに追加することは、喫緊の課題です。追加掲載に抵抗する勢力がいるとも聞きます。統一戦線による浸透工作がどこまで進んでいるのか、この追加掲載問題は、その浸透ぶりを見るためのリトマス試験紙です。２０２２年４月、岸田政権が経済安全保障推進法成立に邁進していることは、高く評価されるべきです。しかし、留学生問題ではどうでしょうか。２０２２年3月3日、岸田総理は、留学生の「円滑入国スキーム」を設けて、入国者の上限とは別枠で受け入れると述べました。岸田首相は、留学生は「我が国の宝」と指摘し、ビジネス客が少ない平日を利用して優先的に受け入れる考えです。3月中旬から5月末までの約10週間で留学生10万人程度の受け入れが見込まれています。しかし、国防七校からの留学生受け入れはどうなったのでしょうか。少子化で経営に苦労する日本の大学が、減少した日本人学生の穴埋めに留学生を呼び込みたいという事情があるのはわかりますが、これは経済安全保障上の問題です。

多くの留学生は真面目に学問に取り組んでいるものと思いますが、一部には中国軍関係者がデュアルユース技術を取得するために、留学生として大学や研究所に入り込んでいる可能性は否定できません。

日本政府もまずは国防七校と日本の大学との提携関係を徹底調査し、これまで管理されてこなかった部分に大きくメスを入れることが急務になると思います。そして軍民両用技術を研究するために懸念国から来日する留学生の身元調査なども徹底し、懸念される留学生の入国を水際で拒否することも必要ではないかと思います。

「中国、極超音速ミサイル開発」の衝撃！

2021年10月16日、フィナンシャル・タイムズ（電子版）の報道により世界中に衝撃が走りました。その内容とは、中国が8月に核搭載対応の極超音速滑空ミサイルをテストし、地球を一周したあと、目標に向かい音速の5倍以上の速度で極超音速グライダー弾頭を発射するという高度な技術力を見せつけたからです。極超音速滑空ミサイルは弾道ミサイルの弾頭部分が極超音速となっていて滑空飛行します。滑空中は推進用の噴射を行いません。中国軍はグライダー弾頭を搭載したロケットを打ち上げ、それが低軌道空間を飛行してから目標に向かって飛行を続けたと述べました。アメリカが衝撃を受けたのは、中国が極超音速ミサイルで驚異的な進歩を遂げ、アメリカ当局が認識していたよりもはるかに先行していることです。

アメリカ国防高等研究計画局（Defense Advanced Research Projects Agency：DARPA）の専門家は、「中国が極超音速で飛行する滑空体からどのように極超音速グライダー弾頭を発射できたのか、依然として解明できていない」と述べたと報道されています。アメリカ下院のマイケル・ギャラガー議員は「人民解放軍は現在、ミサイル防御を弱体化させ、通常の攻撃と核攻撃の両方でアメリカを脅かす能力を持っている」と述べています。フィナンシャル・タイムズは、極超音速滑空ミサイルは、中国航空宇宙空気力学アカデミーにより開発されていると述べています。

中国航空宇宙空気力学アカデミーとは中国航天科技集団有限公司の研究機関です。中国航天科技集団有限公司は、アメリカの中国軍産複合体企業リストにも掲載されているミサイルシステムとロケットを製造する国営企業です。専門家は極超音速滑空ミサイルが、理論的には南極上空を飛ぶことができると言いました。アメリカのミサイル防衛システムは北極ルートに焦点を合わせていますので、反対からミサイルが飛んで来るわけで、アメリカにとり大きな脅威となります。今回の発射は、この点に関して中国の取り組みがアメリカやロシアよりもはるかに進んでいることを示す最新の証拠なのです。

東北大学から流出した「極超音速ミサイル」技術

そして、中国が実験した極超音速ミサイルに使われたスクラムジェットエンジンや耐熱素材、風洞技術が、わが国の大学から流出したとされる件で、筆者は月刊誌「WiLL」(2022年3月号)およびYouTubeで閲覧できるインターネット番組「文化人放送局」(2022年1月28日放送分)で、東京大学、日本大学、名古屋大学、東北大学、九州大学、東京工業大学のどこかから流出したのではないかと述べてきました。

超高速飛行時に衝撃波と呼ばれる圧力の波が発生し、性能に影響を及ぼすことから、流体科学技術と衝撃波関連で流出した技術との関わりが深い点を考えると、実験には超音速風洞が不可欠なことが考えられます。たまたま、過去に風洞設計会社のM&A(企業の買収や合併)を支援したことがあり、その際に風洞業界について調べたことが、今回の推測に役立ちました。

2022年2月20日、読売新聞(朝刊)は、「経済安保 見えない脅威」の記事の中で「公安調査庁関係者によると、うち1人は中国の軍需企業参加の研究所研究員を経て1994

年、東北大の助教授に就任。科学研究費助成事業（科研費）を受け、宮城県の宇宙航空研究開発機構（ＪＡＸＡ）の関連施設に出入りした。２０００年頃、中国に戻ると、中国科学院の研究所に所属し、２０１７年にＪＡＸＡの施設と形状が似た極超音速実験施設の開設に関わったという」と報じ、東北大学で研究をしていた中国人留学生が極超音速ミサイルの技術を持ち出したことを明らかにしました。

東北大学には東北大学流体科学研究所があるので、可能性が高いと考えていましたが、宮城県角田市のＪＡＸＡにまで工作員が入り込み、研究を窃取していたことで、学術界の脇の甘さを改めて認識した次第です。読売新聞は「日本政府関係者は元東北大助教授が作った実験施設について、中国が先端技術を取り入れるため、外国と同じ環境を再現する『シャドーラボ』（影の研究室）の典型とみている」とも書いています。

東北大学に在籍した中国人技術者は、読売新聞の記事にある1名だけではありません。公開情報で検索すると、東北大学の助教授（准教授）に就任し、流体科学技術を研究した中国人技術者は他にも2名出てきます。つまり、東北大学流体科学研究所に複数の中国人技術者が留学していたことは明らかです。

一方で、東北大学は日本の防衛研究に対しては極めて非協力的な態度を貫いています。

東北大学理事（研究担当）通達「防衛装備庁『平成28年度安全保障技術研究推進制度』について（通知）」（2016年4月19日）には、以下のように書かれています。

「本学に所属する研究者は、軍事に直接繋がる研究を行ってはならない。（中略）このことから、昨年度の『安全保障技術研究推進制度』の公募については、その公募内容から判断し、本学研究者の応募を認めないこととした。今年度の同制度の公募についても、その公募内容は昨年度とほぼ変わらないことから、本学研究者が研究実施者（研究代表者または研究分担者）として応募することを認めない」

東北大学は、中国共産党人民解放軍の極超音速ミサイルの技術開発には間接的に協力する一方、自衛隊の防衛技術への協力は拒否していることになります。

監督官庁である文部科学省は、国立大学法人が国家安全保障に反する行為を行うことを黙認してきました。このことは非難されて当然です。極超音速ミサイルは現在の技術では迎撃不可能なもの。わが国由来の技術が中国の留学生により持ち出され、軍事転用されて日本の安全保障を脅かした責任は重いのです。

帰国して極超音速ミサイル研究用の風洞を作った工作員

読売新聞が報じたシャドーラボですが、中国では、西側諸国由来の技術を軍事転用した風洞設備が完成しています。２０２１年11月21日、環球時報（Global Times）は、中国航空工業集団有限公司傘下の航空工業空気動力研究院が、Ｆ-64と呼ばれる風洞を建設し、主な試験に合格し、テストを正式に実施できると報じました。この風洞は極超音速ミサイルおよび機器の開発を支援することを目的としています。この風洞は大きくて複雑であり、極超音速である必要があるため、開発に2年を要しました。中国航空工業集団有限公司によると、Ｆ-64は飛行高度4万８０００メートル、９０００ケルビン（６２６・８５℃）で、マッハ4から8までの速度をシミュレートするように設計され、極超音速兵器からグライダー弾頭の分離などを含む超音速兵器の能力を30秒以上テストできるものと報道されています。航空工業空気動力研究院はＦＬ-8、ＦＬ-9、ＦＬ-10、ＦＬ-51といった低速風洞と、ＦＬ-2、ＦＬ-3、ＦＬ-60などの高速風洞を建設し、航空機、ミサイル、宇宙船、ロケットの開発のための空力研究に利用されています。中国の軍事航空専門家である

FuQianshaoは、環球時報に「風洞は、コンピューターシミュレーションやモデル実験よりも正確で効率的であるため、航空機の開発に不可欠である」と述べています。中国は、高高度でマッハ30の速度をシミュレートできるJF-22超高速風洞を建設中とも報道しています。

東北大学の流体科学研究所やJAXAから窃取されたわが国由来の技術が、これら風洞の設計や建築に軍事転用され、極超音速滑空ミサイルの実用化などに軍事転用されていることに、わが国は危機感を持ち、対応する必要があることは、言うまでもありません。

日本学術会議はどこの国の組織なのか

東北大学が間接的に中国の軍事研究に協力し、日本の防衛力向上のための研究には協力を拒否していますが、これには日本学術会議の意向も影響しています。

同会議は平成29年に「戦争を目的とする科学の研究は行わない」という昭和42年の同会議の方針を踏襲する「軍事的安全保障研究に関する声明」を決定しましたが、防衛省が防衛と民生の双方に応用可能な技術の研究を推進する目的で創設した「安全保障技術研究推進制度」にも「政府による研究への介入が著しく、問題が多い」と、非協力的な態度をとっています。つまり日本の大学と研究機関は、自国の防衛技術の向上に協力しないと主張しているのです。

原子炉工学が専門の奈良林直・北海道大学名誉教授が、国家基本問題研究所のサイトに、「学術会議こそ学問の自由を守れ」という一文を投稿しています。そこでは日本学術会議が間接的ながら「軍事研究」というレッテル貼りをして、研究に圧力を加えてきたと告発しています。

「実例を一つ挙げる。北大は2016年度、防衛省の安全保障技術研究推進制度に応募し、微細な泡で船底を覆い船の航行の抵抗を減らすM教授（流体力学）の研究が採択された。この研究は自衛隊の艦船のみならず、民間のタンカーや船舶の燃費が10％低減される画期的なものである。このような優れた研究を学術会議が『軍事研究』と決めつけ、2017年の『軍事的安全保障研究に関する声明』で批判した。学術会議からの事実上の圧力で、北大は翌年、研究を辞退した」（国家基本問題研究所「今週の直言」2020年10月5日。白川司著『日本学術会議の研究』より引用）。以下、白川司著の『日本学術会議の研究』の内容を借りて詳述していきます。

「『微細な泡で船底を覆い船の航行の抵抗を減らすための研究』を軍事研究とするのなら、膨大な数の研究が軍事研究になってしまう。例えば船の性能を向上させる研究はすべて『軍事研究』になってしまう。日本学術会議は『防衛装備庁の安全保障技術研究推進制度に応募しているのだから軍事研究』と、強引な区分けをしたのだろう。軍事研究とは何かを突き詰めて、日本学術会議なりの平和構築の仕方を考えるということではなく、『とにかく軍事に関わることはすべて悪い』という幼稚な平和主義を当てはめたのだろう。

技術や技術者に対する敬意といったものはみじんもなく、それは『平和のために戦う自分たち』というナルシスティックな正義感でしかない。国立アカデミーでありながら、やっていることは市民団体に近い」

白川氏は同書でそう指摘しています。日本がミサイル攻撃を受けた場合、「それを防いで国民の生命と安全を守るための防衛力開発」に協力しないというのは、少なくとも税金で成り立っている旧帝国大学に許されることなのでしょうか。白川氏の指摘は続きます。

「このように日本学術会議は、日本の研究を妨害する一方で、2015年には、中国科学技術協会との協力推進が記された覚書を交わしています。中国科学技術協会は民間団体ではあるが、2013年に政府系機関の中国工程院と戦略的提携枠組みを結ぶことに合意しているので、『中国製造2025』に組み込まれているのは火を見るより明らかである」

　つまり、日本国民の税金で運営されている組織でありながら、中国が2049年に世界最強の製造強国になるという産業政策に与している可能性もあります。中国科学技術協会との提携は、中国科学技術協会と中国工程院との戦略的提携の後なので、日本学術会議にその意図がなかったとは思えません。

　奈良林氏は、国家基本問題研究所のサイトで、次のようにも指摘しています。

「（前述の日本学術会議の声明を受けて）いくつかの左派系組織が合同で、全国の50を超える大学や研究機関の長に対して、防衛省の公募研究を中止するように圧力をかけた。つまり日本学術会議の声明が、全国の大学の学問の自由を奪う実働部隊と連動し、NHKや朝日新聞、北海道新聞、しんぶん赤旗などと一緒になって圧力をかけたのである。学術会議は2015年に中国科学技術協会との間で相互協力の覚書を交わしたが、同協会には北京航空航天大学や哈爾濱工業大学の研究者も参加している。これらの大学は、経済産業省が安全保障輸出貿易管理令に関連する大量殺戮兵器の研究機関としてリストに掲載している。学術会議はそうした中国の軍事研究機関との交流をやめるよう、なぜ言わないのか」

　奈良林氏は、日本学術会議の反政府運動が大手メディアとの共闘で成り立っていることを指摘し、日本の軍事研究を阻害する一方、中国の軍事研究には協力しているのではないかと、問題を提起しているのです。しかも留学生を装った軍の関係者まで受け入れておきながら……です。

日本の軍事研究には邪魔をし、中国には協力する。これは明らかな「反国家的行為」と断罪されてしかるべきでしょう。しかも日本学術会議には国民の税金が使われています。国民のお金を使って中国に奉仕するのなら、まさに売国行為と言わざるを得ません。2022年4月19日、参議院で山谷えり子議員が日本の大学から国防七校への技術流出と日本学術会議の問題を取り上げました。その中で学術会議が3月24日に「デュアルユース的な側面を全面否定して一切の研究をやめろとは一回も言っていない」と発言したと山谷議員は述べています。それならば学術会議はデュアルユース技術研究の方針について明確な発信をすべきであると私は思います。

この日本学術会議を筆頭に、学術界は外為法に定められた「安全保障貿易管理」を軽視して、大学と研究機関を適切に管理することを躊躇しています。

繰り返しますが、日本の大学や研究機関は中国の国防七校から中国人留学生を受け入れていて、彼らが日本由来の軍民両用技術を中国で軍事転用し、日本の安全保障を脅かしているのです。これにどう反論するのでしょうか。

２０２０年４月、日本の国家安全保障局（ＮＳＳ）に経済班が新設され、外為法に基づき、欧米諸国と連携して軍民両用技術の移転を監視するようになりました。

しかし、国防七校からの留学生は何の制約もなく入国できます。留学審査は出入国管理法（出入国管理及び難民認定法）の判断に委ねられ、明らかな犯罪歴や違法行為が認められない限り、自由な出入りが可能です。このままでは、第二、第三の「極超音速ミサイル技術窃取事件」が起こらないはずがありません。

留学生の入国基準を見直すと同時に、第１章で説明した中国の「国家情報法」にも注意が必要です。中国の軍事転用を目的とした技術移転に対抗する法改正が必要なのです。

端的に言えば、日本も「スパイ取締法」を制定し、中国のスパイ活動に対応しなければならない時が来ました。あるいは、第４章で取り上げる「セキュリティクリアランス制度」を整備していくことが重要になります。日本が中国人留学生による中国での軍事転用を未然に防ぐためにスパイ取締法を施行し、ファイブアイズに加盟し、国際的な情報共有を行うことが必要です。このことはさらに、第４章で説明することにします。

日本はもっと基礎研究に予算を使うべきだ

さらに中国は、西側諸国から優秀な研究者を集める「千人計画」を推進しています。また、「海亀」と呼ばれる研究者を海外に派遣し、知識と技術が蓄積された頃を見計らい、中国に呼び戻します。千人計画では、2022年4月に、東京理科大学の元学長で名誉教授の藤島昭氏が、中国の上海理工大学で研究を行うことが明らかになったと読売新聞が報じています。

79歳の藤島氏は、光を当てると化学反応が起きる「光触媒」の世界的権威です。ノーベル賞候補にもなるくらいの業績を挙げていますが、藤島氏を筆頭に、その研究チームも一緒に上海で研究を行うというのです。光触媒の研究の舞台になる施設は新たに建設されるもので、東京理科大学を上回るものと報道されています。

藤島氏は同紙の取材に対して「私は人類のために研究しているのであって、日本か中国かは問題ではない」と答えていますが、光触媒では宇宙ステーションの空気浄化に活用するための研究が進んでいます。藤島氏自身には「中国を利する」意図はないかもしれませんが、国家を挙げて宇宙開発に邁進する中国が、この技術を民生面で活かすだけとは思えません。中国は「宇宙開でも覇権獲得」を見越し、技術の取り込みをはかっているのは間違いないと思います。

このような傑出した技術の流出に歯止めをかけるには、やはり待遇面で優遇することが必要になるでしょう。研究施設の整備、予算の拡充、そして研究者個人への待遇を見直し、潤沢な予算を用意する必要があります。大学などにおける基礎研究への予算が足りないことが問題です。基礎研究にお金をかけない国は、将来的な技術の優位を失うからです。

日本は経済安全保障法で、宇宙など重要技術分野を選び、官民一体となった支援体制に乗り出します。研究資金は将来的に5000億円となるそうですが、私にはまだまだ一桁少ないと思われます。

また、外国からの資金提供に伴う技術流出を防ぐ制度も設けられます。外国を含めた資金や兼業の状況の開示を、研究者に求める制度です。問題は、これに対して明確な開示基準がない点です。例えばアメリカが排除を決めている中国のファーウェイが日本の大学内で研究者に資金援助をしたとしても、日本ではその「寄付」に法的な規制がかけられないといった問題を解決することが必要です。

また、逆千人計画を行うことが必要です。例えば、わが国の弱点とされる、戦闘機などに使われるジェットエンジンの技術者などをロシアによる侵略で国土を破壊されたウクライナから招聘し、希望者は移民として受け入れて、技術移転を推進するのです。東側の兵器のメカニズムを理解することもでき、一石二鳥の政策だと思います。日本政府が柔軟な発想で、国家の技術力強化を進めることができていない現状に歯がゆさを覚えます。

第4章

中国から上手に撤収する方法

外為法改正は安倍政権のクリーンヒット

今後20年間、中国共産党員が党員以外の人々を支配するデジタル監視独裁国家中国と、アメリカを中心とする自由で開かれた国家陣営が21世紀の冷戦を繰り広げることになります。平成生まれの読者には実感がわかないと思いますが、経済よりも安全保障が優先される「21世紀の冷戦時代」が到来したのです。２０２２年、ロシアによるウクライナ侵略が起きました。

１９９０年代、改革開放路線と称し、安くて豊富な労働力を謳い文句とした世界の工場・中国は、西側諸国から軍民両用技術を窃取し、経済成長で得た富を惜しみなく軍備の近代化にそそぎ、近隣諸国への領土拡大の野心を隠さなくなりました。中国はこの10年間で、独裁者に奉仕する法律を次々と成立させ、規制と統制の国へ変身しました。そして『力による現状変更」を行うため、武力行使も辞さなくなりました。グローバル経済の考えに基づいた企業経営は過去の遺物になったのです。

日本を取り巻く環境の激変を踏まえ、日本の経済安全保障への取り組みや今後の主な課題について議論するときがきたのです。

アメリカで２０１８年、超党派の賛成により２０１９年度国防権限法が成立し、国防権限法に組み込まれた外国投資リスク審査近代化法（ＦＩＲＲＭＡ）が、施行されています。欧州連合（ＥＵ）でも、２０１９年３月に規制が強化されています。イギリスでは、２０１８年に法律を改正し、特定の機微技術分野は審査対象の基準値が、売上７０００万ポンド（約92億円）から１００万ポンド（約1億３０００万円）に引下げられました。ドイツでは、２０１８年に政令が改正され、企業買収の事前届出義務の閾値《いきち》を25％から10％に引下げています。フランスでは、２０１８年から19年にかけて法令を改正して対象業種を拡大し、事後的に株式売却命令等を可能とする制度を導入したのです。欧米に足並みを揃えた日本でも、２０１９年11月に外国為替及び改正外国貿易法（改正外為法）を全会一致で可決成立し、外国資本による投資が規制強化されることになりました。

改正外為法による外資規制の実効性を上げるためにも、法律の中身の周知徹底が必要となります。多くの関係者に理解して頂きたいので、拙書では日本の外資規制のポイントとＭ＆Ａに及ぼす影響を中心に説明します。

外為法は、外国企業や外国の投資家による対内直接投資等（Ｍ＆Ａが含まれます）に事前届出を義務付けています。その対象になるのは図表9に記載された業種です。政府は事前届出された投資等の内容を審査し、必要な場合にはM&A等の投資の変更、中止の勧告、命令を行うことができます。

一般消費者が扱う製品に使われる技術(民生技術)が進歩し、軍事技術との差が縮まりました。中国が不正な手段を含む様々な手段で、軍事転用が可能な民生技術(軍民両用技術)を西側諸国から窃取、移転して軍備拡大に使い、力による一方的な現状変更を試みる動きが顕著になったことはすでに説明しました。西側諸国から移転した軍民両用技術を用いて武器の近代化を進めたり、独裁体制を維持するために高性能監視カメラや顔認識技術、高速通信技術を用いた監視システムを構築したり、これらをウイグル人などの人権弾圧に使用するようになり、さらには製造覇権を公然と唱えるようになりました。

このため欧米では、安全保障、人権弾圧阻止などの観点から、先進国由来の軍民両用技術をM&A等の手法を用いて外国に移転する行為に対する規制強化の必要性が議論されたのです。

欧米で規制が強化された状況で、規制が緩い日本へ軍民両用技術取得ならびに移転を目的としたM&Aなどの投資資金が向かい、軍民両用技術を有する日本企業が外国資本によ

図表9　事前届出対象業種

指定業種のうちコア業種の分野
武器、航空機、原子力、宇宙開発、軍事転用可能な汎用品の製造業
サイバーセキュリティ関連（サイバーセキュリティ関連サービス業、重要インフラのために特に設計されたプログラム等の提供に係るサービス業等）
電力業（一般送配電事業者、送電事業者、発電事業者の一部）
ガス業（一般・特定ガス導管事業者、ガス製造事業者、LPガス事業者の一部）
通信業（電気通信事業者の一部）
上水道業（水道事業者の一部、水道用水供給事業者の一部）
鉄道業（鉄道事業者の一部）
石油業（石油精製業、石油備蓄業、原油・天然ガス鉱業）
指定業種のうちコア業種の分野以外のもの
サイバーセキュリティ関連※、電力業※、ガス業※、通信業※、上水道業※、鉄道業※、石油業※
熱供給業
放送業
旅客運送
生物学的製剤製造業
警備業
農林水産業
皮革関連
航空運輸
海運

※コア業種の分野以外
出典：財務省「外国為替及び外国貿易法の関連政省令・告示改正について」2020年4月24日

るM&Aの標的になることが危惧されました。

２０１９年５月の日米欧三極貿易大臣会合後には「（中国による）強制技術移転の分野で三閣僚は強制技術移転に対する新たなルールの作成、安全保障目的での投資管理、輸出管理について協力するという合意を確認するとともに、これまでの協力内容を確認した」という発表があり、日米欧での協力の必要性が確認されたのです。こうした経緯を経て、２０１９年11月に日本でも改正外為法が成立し、欧米並みのM&A規制制度が設けられました。

外為法改正は2019年5月に告示改正が行われ、9月に政令改正、11月に外為法改正と、三段階で行われました。

まず、2019年5月、日本の安全保障に重大な影響を及ぼす事態が生じることを適切に防止しようとする観点から、規制対象業種が拡充されました。

注目すべきは情報関連業種が追加された点です。アメリカで、外国工場で製造された製品の基板ユニットに設計図上存在しないはずのスパイ半導体が密かに実装され、情報が抜き取られていたことが発覚した事件などがあり、通信内容の安全性を確保して情報窃取を防ぐ必要が生じたからです。日本でも三菱電機やNECといった防衛産業企業などへのサイバー攻撃が行われ、機密情報が外国に盗み取られる事件が起き、セキュリティー確保が必要になっています。

2019年9月には、外国人投資家や外国企業による上場会社の議決権に関連する三つの行為が、事前届出または事後報告の対象に追加され、多様化する投資手法や経営への関与手法に対応しました。

また、上場会社の株式取得についても範囲が拡大され、株式取得者が法人の場合は、一定のグループ会社および役員、株式取得者が個人の場合は、その配偶者や直系血族、株式取得者と共同して議決権等を行使することに合意している非居住者を「特別関係者」として追加しました。

２０１９年11月の改正外為法では、主に5つの点が変更になりました。

一つ目は、外国人投資家が上場会社の発行済株式を取得する場合の閾値《いきち》が、10%以上から1%以上へ変更になり、アメリカの規制に近づきました。株式を上場していない会社（非上場会社）は、すべて（1株以上）の取引が事前届出又は事後報告の対象です。これは、議決権の保有要件について限定がなくなったからです。例えば外国投資家が、非上場のベンチャー企業等を買収したり、資本参加等の出資をしたりする場合等は、すべて事前届出又は事後報告の対象になります。

規制強化の背景には、中国が国営ファンドなどを通じ、アメリカのシリコンバレーなどにある新興ハイテク企業に資本参加し、出資の見返りに軍民両用技術を中国へ移転した手口を防げなかったことへの反省があります。投資手法も日進月歩で進化しており、第1章で説明したように、アメリカはＦＩＲＲＭＡによって審査対象となる行為を幅広く拡げることで、この抜け穴に対応しました。日本でも多様化する技術流出手法への対策を講じる必要があるので、軍民両用の新規則に対応する制度を導入しました。

二つ目は、外国投資家やその密接な関係者が取締役、代表取締役、社外取締役、執行役、代表執行役、監査役、社外監査役、会計参与等の役員に就任する場合や、株主総会で会社の重要な事業の譲渡や廃止に関して同意する行為も事前届出又は事後報告の対象となりました。

三つ目は、これまで野放しだった外為法の抜け穴行為への対策がとられたことです。具体的には、外国人投資家が日本の法律に則って設立した法人（外国企業の日本支社や日本の支店も含む）からの事業の譲受、吸収分割及び合併による事業の承継が事前審査又は事後報告の対象となります。

四つ目は、国内外の行政機関との情報連携が強化され、外国執行当局へその職務の遂行に資する情報提供ができるようになりました。この点で付言すれば、例えば対米外国投資委員会（以下、「ＣＦＩＵＳ」）議長を務める財務長官との情報交換を密にして、外国投資家の投資行動やその支配関係について情報共有し、得られる情報を積極的に活用して審査に活用することが期待されます。

五つ目は、経営に重要な影響を与えることを企図しないポートフォリオ投資等は、事前届出免除制度が導入されて事前届出が免除されます。ポートフォリオ投資等とは、過去3年間、重要提案行為等を行った実績のない投資家による投資のことです。ポートフォリオ投資のうち、以下のものは対象外となりました。

(1)次に該当する投資家

●過去に外為法に違反した者

●外国政府等の影響下にある者（国有企業等）

(2)指定業種のうち、国の安全等を損なうおそれが大きいもの

●武器製造、原子力

●電力、通信

(3)届出免除を受ける投資家が守るべき基準として以下を定める

●役員に就任しないこと

●事業の譲渡・廃止等を提案しないこと

●非公開の技術・情報にアクセスしないこと

(4)事後報告、勧告・命令により、免除基準の遵守を担保

（令和元年10月8日　財務省国際局作成「対内直接投資審査制度について」より）

このポートフォリオ投資を「純投資」ともいいます。

本書では、専門的な内容を平易に書きましたので、企業担当者等は前述の説明に該当する場合には弁護士に内容を確認してください。

事前届出対象の判断基準とは

外為法の対象となる外国企業による日本企業へのM&A関連で議論になっている点について説明します。

政府から株式取得承認を得られるか、中止勧告が出されるかは、当該対内直接投資等が「国の安全を損ない、公の秩序の維持を妨げ、又は公衆の安全の保護に支障を来すことになること」、「わが国経済の円滑な運営に著しい悪影響を及ぼすことになること」に該当するか否かで判定されます。金融業界関係者が懸念する「モノ言う株主か否か」では判断されません。

「国の安全等に係る非公開の技術情報にアクセスしないこと」への審査基準は、その技術が外国投資家により国外に持ち出された場合に、国の安全保障へ及ぼす影響の有無で判断されます。

対内直接投資等に対する審査事案が原則非公表であることは、審査の抜け穴を考案させないためにも必要です。アメリカでもCFIUSの審査は非公開であり、問題視されることではありません。

また、事前届出対象となる業種分類は、元請か下請かに区別なく同じ分類を適用しています。例えば、人工衛星やロケット等の製造業が事前審査の指定業種になっていますが、同じ告示の条文で、その附属品や部分品の製造業も指定業種としていますので、元請企業がロケットを製造している場合、ロケット附属品や部品の製造業も業種分類に含まれることに注意が必要です。

米国国防権限法に近づけた外為法

経済協力開発機構（OECD）は、2019年3月に発行したレポートの中で「国家安全保障の利益を保護するため、会社の資産買収を管理する従来の投資管理が、投資を通じた会社への影響力の行使を管理する領域へと範囲が拡大している」と指摘しました。

日本の改正外為法は大きく二つの点で、アメリカのＦＩＲＲＭＡに対応しています。まず、国有企業等を事前届出義務の対象とし、軍民両用と同じく事前審査を義務づけました。

次に、アメリカの審査判断基準の変化への対応が行われました。アメリカでは従来、企業の発行済株式総数の過半数を取得したＭ＆Ａを審査対象としていました。アメリカは従来の審査基準に加え、投資を通じた会社への影響力の行使を管理する手法を加えました。具体的には、株式取得が伴わない場合でも、外国人投資家が重要技術（critical technology）、重要インフラ（critical infrastructure）、センシティブな個人データ情報（sensitive personal data)」を扱う合衆国の事業者（「US Business」）――以下、「ＴＩＤＵＳビジネス」――が持つ非公開情報へのアクセスが可能かどうか。役員または役員に準じる職位への就任や選任が可能かどうか、株主としての議決権行使以外の方法で意思決定に関与できるかどうかをＣＦＩＵＳが審査するようになりました。

改正外為法では、前述のポイントで挙げた二つ目と三つ目を追加し、ＦＩＲＲＭＡに近づける対応が行われています。

経済界も改正外為法による外資規制を周知させていくことが必要です。Ｍ＆Ａ専門会社の中には、外資規制の知識がなく、規制対象業種の日本企業を外国企業に売却しようとするものが存在するのが実態です。図表９に記載した業界団体、全国の金融機関のM＆A部門、都道府県の各中小企業再生支援協議会や事業引継センター、民間M＆A会社等へ改正外為法を周知徹底することが、違法な技術移転阻止の取り組みには有効です。

やっと動き出した日本の「経済安全保障」

外為法改正で欧米諸国と足並みを揃えた日本政府は、経済安全保障推進法の成立に向け動きます。２０２０年12月、甘利明衆議院議員を座長とする「新国際秩序創造戦略本部」は、自由民主党へ提言書「『経済安全保障戦略』策定に向けて」を提出。経済安全保障推進法成立に向けて動き始めます。

２０２２年、経済安全保障推進法が国会で成立しました。経済安全保障とは、経済というツールを使いわが国の独立、生存、繁栄を確保していくことです。以前は、経済ツールは、ならず者国家に経済制裁を与え懲らしめることで、不埒なことを止めさせるために使われました。国連決議による経済制裁はその代表例です。

ところがならず者国家は、正義を実現するために経済ツールを使うのではなく、自国の意向を押し通すために経済的圧力を使うことが頻繁になりました。例えば、2020年、武漢ウイルスが全世界でパンデミックを引き起こした影響はいまでも続いています。2020年、マスクや消毒用アルコールが忽然と店頭から消えたり、医療用手袋、ガウンなどが医療関係者の手元に届かなかったりする事態が生じました。医療現場では、手術どころか診療もできない事態に陥ったのです。なぜ店頭から消えたのかを調べたところ、例えば、医療用手袋は9割以上が中国で生産されていました。この状態を放置したまま中国との関係が悪化し、日本への輸出を止められたら、医療崩壊が起きます。これが経済の安全保障が必要になった理由です。「日本を滅ぼすのに刃物はいらぬ。禁輸の一つもあればいい」という状況が発生したのです。

経済安全保障推進法4つの柱

経済安全保障推進法は4つの柱から成り立ちます。

1つ目は、サプライチェーンの脆弱性を確認し、その脆弱性を正すこと。供給が途切れたら国民生活が破綻するものなら、そのサプライチェーンを調べてリスクを分散、回避していくことが必要です。この20年間で、経済のグローバル化が進み、「ヒト、モノ、カネ、情報は国境を制約なく行き来する」という空想的前提に基づき、国内にある工場が中国や東南アジアなどに移転され、国内の工場は激減しました。中国共産党中央委員会の機関紙「求是」は、２０２０年4月、習近平総書記が「産業の質を高めて世界の産業チェーンのわが国への依存度を強め、外国による人為的な供給停止に対する強力な反撃・威嚇力を形成する」と指示したと報じています。中国は「経済的影響力を用いて、諸国を跪《ひざまず》かせよ」という意志を隠さなくなりました。

ロシアによるウクライナ侵略に関連し、ロシアから撤退する外国企業の資産を取り上げ、入札で第三者へ売却する法案を成立させようとしていることが、グローバルサプライチェーンのリスクとして話題になりました。

いま中国による台湾侵略が起き、これと同時に先島諸島などへの侵略が起きるのではないかと言われています。有事が起きると想定するなら、中国に進出する日本企業は、中国の国防動員法が発動された時に備えた対応が必要になります。国防動員法が発動された場合のリスクは第2章で説明しました。

中国政府により、日本企業の中国にある施設などが取り上げられたら、事業に甚大な影響を及ぼします。サプライチェーンの見直しが、「自分の会社を護る」ということがおわかりいただけると思います。

2つ目は、基幹インフラの安全を護ることです。基幹インフラは情報通信技術により支えられています。国民全員が使用するインフラ、例えば情報通信、エネルギー、水道、物流、海上輸送にサイバー攻撃が行われ、これらのインフラが遮断されたり、攪乱されたりする事態になれば、国民生活が破綻してしまいます。インフラを運営している事業者は、設備投資のときに、マルウェア（悪意のあるプログラム）が仕込まれていたり、スパイ機能が組み込まれた半導体が使われている機器を購入しようとしていないか、製造元を確認するとか、仕事を委託する際に、その会社に懸念国の資本が入っていないかを調べ、管理することを定め、国民生活の基盤である基幹インフラの安全を護ります。

第2章で述べましたが、アメリカはファーウェイの通信装置に、利用者が知らぬところで通信内容を盗み取り中国に送る仕掛け（バックドア）が仕込まれていると公表し、ファーウェイや監視カメラのハイクビジョン他3社の機器を使用する企業とアメリカ政府との取引を禁止しました。中国には、国家情報法がありますので、中国企業はいくら「弊社製品は通信の安全、機密性が確保されている」と主張しても、同法第7条で中国の情報活動に協力する義務を課せられています。一企業の意思を超えた共産党の意思が存在しているのです。

3つ目は、世界が依存するような強みが日本にあれば、それが抑止力になるということです。日本と事を構えた場合、日本が輸出を止めると相手国がギブアップする。日本に世界が依存するような技術を官民で作っていこうとするものです。このためには、セキュリティ・クリアランス制度という秘密情報を扱う者の適格性を確認する制度の導入が必要です。

4つ目は、非公開特許制度の導入です。日本の現行の特許制度では、出願された発明は出願から1年6カ月経過すると一律に公開されます。安全保障上問題となる発明が出願されていても、内容にかかわらず公開されてしまいます。この問題を解決するため、特許制度の例外措置として、安全保障上問題となる可能性の特許出願を非公開とし、流出防止措置を講じて、発明が軍事に利用されることを防ぐ制度を非公開特許制度といいます。もちろん技術の発明者に代償は払われます。G20でこの制度がないのは日本とメキシコ、アルゼンチンだけだと言われます。3つ目の柱として述べたような技術を外国に盗まれたり、真似されたりすることを防ぐ意味でもこの制度は重要です。対象業種は電力、ガス、石油、水道、電気通信、放送、金融、郵便、クレジットカード、鉄道、貨物自動車運送、外航貨物、航空、空港の14業種です。

画竜点睛を欠くセキュリティ・クリアランス制度の不在

セキュリティ・クリアランス制度は、例えばスパイ研究者から機密を護る仕組みのことです。セキュリティ・クリアランス制度は、公明党などから個人情報保護を理由に反対され、経済安全保障推進法には盛り込まれませんでした。

懸念国は何十年もかけて、その研究者がスパイではないかのように仕立てて送り込みます。他国が依存するような技術を研究していても、最高度の機密に関わる研究者が、実は外国のスパイではお話になりません。外国との共同作業では機密を守ることが重要ですので、スパイでないことが証明されている人だけが機密情報にアクセスできるようにする制度が必要なのです。

セキュリティ・クリアランス制度を導入しようとすると、外国政府がバックにいる人たちが動き出して反対します。外国政府による工作活動です。外国政府が、日本の国益になる法律を阻止しようと日本国内の協力者を使い反対する妨害活動も、経済安全保障の近傍にある現実です。日本はこの点での意識が遅れていて、外国から狙われやすい国になっています。

民間人を対象とするセキュリティ・クリアランス制度は、ファイブアイズ（英、米、カナダ、豪、ニュージーランド）や欧州主要国では既に導入されています。西側諸国が共同で極秘の研究をしようとしても、日本にはセキュリティ・クリアランス制度がないので共同研究に参加できないという問題が出てきています。相手国からは機密が漏れないが、日本から機密が漏れるのでは参加させてもらえない、という問題です。このため、セキュリティ・クリアランス制度を導入している国の防衛産業や情報通信産業から共同研究や製品の発注などの話があると、日本企業は対応ができません。

一例ですが、アメリカの国防総省が行う調達では、その会社がサイバーセキュリティのシステム、仕様を満たすことを義務づけています。実際に、日本企業がアメリカの要求するサイバーセキュリティ水準（NIST SP800-171）を満たしていないことが原因で、契約を打ち切られた事例も出ています。

2022年2月、政府がセキュリティ・クリアランス制度の今秋の法制化に向けて検討に入ったと報道されました。経団連は、セキュリティ・クリアランス制度を導入するよう政府に提言しました。

セキュリティ・クリアランスの審査では、家族、交友関係、資産、飲酒歴などもその対象となります。国家の最高機密情報にアクセスする資格審査なので、これらの条件に問題がある者を排除することは必要です。公明党などから個人情報保護を理由に反対する声が出ていると報道されていますが、そもそも、前述の条件に問題がある者がセキュリティ・クリアランス制度に関わりを持たなければ、審査の対象になることはありません。

セキュリティ・クリアランス制度がないと、日本がファイブアイズに入り、機密情報を共有することができません。われわれ国民はセキュリティ・クリアランス制度がないことが、経済安全保障制度の画竜点睛を欠くことに気づき、導入を後押しすることが必要です。

スパイ取締法が是非とも必要

セキュリティ・クリアランス制度と並んで、今後、導入が必要な法律が「スパイ取締法」

です。中国、ロシアなどの独裁国家は強力な情報機関を組織し、世論操作や政治工作などを巧みに活用して、わが国の政治、経済、軍事、外交、社会への影響力行使を進めてきた結果、工作員や協力者により軍民両用技術や機微技術が持ち出される事態が多数生じています。政府は、２０１３年12月に特定機密保護法を成立させましたが、その後も先端技術漏洩事件は相次いでおり、いま一層の防止策が求められています。これらのスパイ活動に対応できていないのが日本の現状です。

２０２０年12月、甘利明衆議院議員を座長とする「新国際秩序創造戦略本部」は、自由民主党へ提言書「『経済安全保障戦略』策定に向けて」を提出しました。この提言書の中に、「経済インテリジェンス機能の強化」が盛り込まれました。

経済安全保障推進法の柱のひとつが、重要技術の優位を確保することと卓越性を確保することです。重要技術とは①人工知能（ＡＩ）分野（自然言語認識、画像認識技術、顔認識技術、ディープラーニング、自律型致死兵器システム、自動運転技術）。②量子コンピューティング分野（量子ビットを用いることにより、従来の半導体を用いたスーパーコンピュータよりも高い並列計算能力を有するコンピューティング技術や量子暗号技術）、③バイオテクノロジー（生物の働きを人々の暮らしに役立てる技術、遺伝子工学、細胞培養、微生物学、発酵工学、ｍＲＮＡ）、

④次世代通信技術（6Gなどの超高速、多数同時接続を特徴とする通信技術・インフラストラクチャーのこと、あらゆるモノがつながるインターネット）、⑤半導体製造技術（半導体は「産業のコメ」、軍事技術を支える重要技術、外国からの輸入から国内での生産にシフト）の5つであると、高橋郁夫氏は、その著書『シン・経済安保』（日経BP）で述べています。次世代通信や半導体についてはこのあと説明をします。

一般社団法人日本戦略研究フォーラム政策提言委員の藤谷昌敏氏は、中国情報機関の活動例として、1990年、中国情報機関によって送り込まれた中国人教授ビン・ウのケースを挙げています。彼はスパイ活動後、FBIに告白し、1年半にわたり俸給2万1500米ドルで二重スパイを演じたことを紹介しています。1992年10月、ビン・ウはアメリカ税関に逮捕されました。ビン・ウは自分が設立した輸出会社を通じて、アメリカ軍需企業ヴァーロ社から最新の軍事用暗視装置を購入し、それを医療機器と偽って香港にある中国情報機関の偽装会社宛てに輸出しました。

重要技術を守るには、国を挙げての取り組みが必要です。民生技術の進歩により軍事技術との境が低くなったことは既に述べましたが、民間企業や研究所からの軍民両用技術や機微技術の漏洩を阻止することが必要です。しかし、独裁国家の情報機関による巧妙な技術情報窃取を民間企業だけで阻止することは、あまりにも過酷です。さらに、情報窃取の手段が人を媒介とした諜報（ヒューミント）だけでなく、サイバー空間における情報窃取が広範に行われるようになってきたのです。

先進国ではこれらの問題に対応するスパイ取締法がすでに施行されています。にもかかわらず、日本にスパイ取締法がないことは情報窃取対策上、問題となっており、単純スパイ罪を取り入れたスパイ取締法の成立と施行が求められているのです。日本には、特定機密保護法があるではないかという声も聞こえてきますが、公務員を主な対象とする同法では限界があり、刑罰も軽いのです。当局は大変な労力を使い逮捕しますが、スパイ取締法のない日本では、例えば文書改ざんなどの微罪でしか逮捕することができません。スパイは日本の法制度をあざ笑いながら、堂々と空港から出国し帰国するのが、スパイ取締法のない日本の現実です。日本の安全保障にとって、スパイ取締法を導入しスパイ天国の現状を変えることが絶対的に必要です。

江崎道朗氏は、著書『米中と経済安保』（扶桑社）で、アメリカのインテリジェンス予算が約8・7兆円なのに対し、日本はインテリジェンスの専門機関すらなく、公安調査庁や外事警察の予算総額は約331億円と、アメリカの260分の1しかない事実を指摘しています。アメリカでは経済インテリジェンスにおける民間との連携を重視し、その結果として専門家が生まれていること、民間企業はインテリジェンス分野で協力することがビジネスとして成立していることを紹介し、日本でもアメリカのＤＳＡＣ（Domestic Security Alliance Council）のような官民連携の仕組みをつくり、民間企業にビジネス上の利益を与える仕組みを構築することを提言しています。

たしかに、マスコミによるプロパガンダで、スパイ取締法と聞くと怖いと思う方も多いと思います。しかし、その裏には、スパイを取り締まることができない日本にすることで、利益を得る外国と、その協力者がいるのです。

中国は政府に統制された閉鎖的市場

親中経済人に会うと「中国は14億人の人口を抱える巨大市場だ」との発言をよく聞きます。確かに、中国が14億人の人口を擁することは事実です。しかし、国家が資本主義に介入し管理する経済（国家資本主義）の中国市場は、国家統制色を強く残す異形の市場で、われわれ自由で開かれた国々の市場とはルールが違うことに気づく必要があります。

そもそも中国投資はハイリスクなのです。中国現地法人が蓄積した資金を日本へ還流する方法が限定されているのです。現地法人の配当金の送金や資本取引である子親ローン、減資などの方法が主な合法的還流方法ですが、配当金を使い資金還流をする場合、累損が完全に消去されていることが必要ですし、登録資本金の50％までと税引後利益の10％を積み立て終わるまでは配当できません。中国の会社法第34条は、利益分配は株主の実際払込出資比率だけではなく、全ての株主の合意によることと定めています。つまり合弁会社の場合、中国側が配当額に同意しないと前に進めません。子親ローンを使う場合、中国当局が高い金利について移転価格税制を言い出すリスクがあります。減資の場合、外貨管理局による審査を受けることになります。「直接投資に関する外貨業務操作のガイドライン」には、海外送金は払込済みの資本金を越える部分までと書かれています。

さらに、中国人民銀行が通貨の安定を名目に、元安につながる資本逃避を阻止するため、口頭指導で対外送金規制を強化する事態も想定することが必要です。このように、中国事業で得た利益を日本に還流するのが事実上難しく、これは日中間のタブーだと思います。

アメリカは「中国が豊かになれば、必ず民主主義の社会を作ろうとし、民主化していくだろう」と期待しましたが、この期待は見事に外れました。共産党は一党独裁を更に強化しており、経済の自由度が高い西側諸国型の市場に転換する可能性はもはやないでしょう。第2章で説明した中国製造2049への認識も必要です。

中国共産党が中国製造2049を継続的に追求する目的は、主要次世代産業の世界支配を達成するということです。中国製造2049の重点分野となった産業セグメントの日本企業は、中国における技術開発、製造活動、技術移転やライセンスなどを控えることが必要です。中国にまんまと新幹線の車両技術を盗み取られた失敗と同じ目にあうことが明らかだからです。この出来事については、あとで説明します。

仮に、中国製造2049が実現したら、例えば、電気自動車の市場では何が起きるでしょうか。中国の国民は、安くて品質や性能が勝る中国車を買います。誰が、中国車よりも高く品質や性能が劣る日本車を買うでしょうか。日本の製造業は将来、この日本企業を市場から駆逐しようと考えている中国企業へ技術、製造ノウハウをせっせと惜しみなく教えてきたということです。そして、中国では、第2章で触れた国防動員法、国家情報法、輸出管理法、反外国制裁法、データ安全法などの規制と統制のための法律が施行されています。中国製造2049に明記されている世界最強の製造強国になるという大目標が、自社に何をもたらすのかを、日本企業経営者は改めて考える必要があります。

巨大市場の餌につられ新幹線技術が盗まれた

産経新聞の２０２２年1月4日の調査によると、７割の日本企業が「このまま中国での事業を継続する」と答えています。日本の企業経営者はアメリカの意思と中国ビジネスリスクをまったく理解していないのだと思うと、暗澹たる気持ちになります。日本の経済界には「アメリカは、テスラを筆頭に、中国に進出して儲けている。なぜ日本が出てはいけないのか？」という声もあります。

日本の経済界は、川崎重工業から新幹線技術が流出したあの事件を忘れたのでしょうか。新幹線技術を中国に盗まれた原因は、ＪＲ東日本と組んで新幹線の車輌技術を提供した川崎重工業の契約にあったと言われています。日本国内の鉄道市場が飽和状態となり、多くの鉄道計画を持つ中国市場という餌に目を奪われ、十分な検討をせずに、契約成立を急いだことが原因だと言われています。

中国政府は外資系企業が中国へ進出する際や技術移転を許可する場合、すべての技術公開と移転を条件にします。川崎重工業は中国に「すべての技術を公開する」と約束して、技術供与契約に調印したのです。川崎重工業と中国政府との契約では、中国が日本企業から提供された技術を使用できる地域は中国国内に限定されており、応用製品の輸出はできません。

ところが、中国は同技術を取得・導入した後、中国共産党の政策と規制による慎重な保護の下で、世界最速の時速３８０キロで走行する新幹線車両に関する技術の国際特許出願をアメリカなどで始めたのです。

中国に車両技術を教えてあげたのは川崎重工業です。中国は、日本企業の高速鉄道車両のモーターの出力を上げただけの代物を独自開発の車両とうそぶき、海外に輸出する契約違反行為を行いました。これに対し川崎重工業が抗議すると、中国は「技術供与を受ける際、巨額の特許料を支払っている。合法的な使用は盗作にはあたらない」と開き直りました。中国の技術力から見れば、モーターの出力を上げることは大変な技術革新なのかもしれません。

この事態を予見し、一貫して技術移転に反対してきたのが、現ＪＲ東海の葛西敬之名誉会長でした。しかし、目先の欲に目がくらんだ川崎重工業は、葛西氏の警鐘を無視したのです。新幹線技術をまんまと盗まれたうえに、中国は「この技術はもともと中国のものだ」

と言い始めて、海外の日本の顧客に〝パクリ新幹線〟を売り込み、顧客を奪い取っていきました。結果として残ったものは、日本企業の競争力および技術革新の基盤の弱体化です。これが中国のやり口なのです。

新幹線技術だけではありません。日本製鉄の電磁鋼板技術も盗み取られ、同社は中国最大手の鉄鋼メーカー・宝武鋼鉄集団の子会社である宝山鋼鉄を特許侵害で提訴するなど、この種の話は数多くあるのです。

そのようなリスクがあるにも関わらず、なぜ中国に進出し技術を移転しようとするのか？　お人好しをはるかに超える行動は、私の理解を大きく超えています。

日本は半導体産業を再生せよ

中国がハイテク技術を使う「智能化戦争」でアメリカに勝ち覇権を奪うことを目標にしていることは、改めて述べるまでもありません。この目標を実現するために、中国は国を挙げてハイテク技術の移転を行い、中国の総合的な科学技術力を世界一にしようとしていることは、再三、説明した通りです。

智能化戦争で重要なのは、ハイテク兵器を稼働するために必要になる人工知能（ＡＩ）、半導体、高速通信です。

ＡＩの軍事利用することとは何でしょうか。ＡＩとは、専門家の間でも明確な定義は存在しませんが、「大量の知識データに対して、高度な推論を的確に行うことを目指したもの」（一般社団法人・人工知能学会設立趣意書からの抜粋）とされます。

防衛省防衛研究所の八塚正晃氏は、「安全保障戦略研究」第1巻第2号の中で《〈中国の防衛〉白書によれば、智能化戦争が出現している背景には「人工知能（ＡＩ）、量子情報、ビッグデータ、クラウドコンピューティング、モノのインターネット（ＩｏＴ）など先端科学技術の軍事分野における応用が加速」していることがあるという》と延べ、ＡＩの戦争利用を指摘しているのです。

しかし、ＡＩ単独では智能化戦争に勝つことはできません。ＡＩは「高度な推論を的確に行う」＝「判断する」機能です。判断するためには〝考える〟ことが必要になります。この考える作業（情報処理）を行うのがコンピュータです。コンピュータにおいて情報処理を担うのが集積回路。集積回路とはトランジスタの論理回路を集積させて高度な計算を実現する電子部品のことです。ひとつの集積回路の中に、より多くのトランジスタを入れることが、高い能力をもつ集積回路をつくるために必要になります。例えば、ひとつの集積回路の中に10億個のトランジスタがあるものと100億個のトランジスタがあるものでは、後者が前者の10倍速く計算できます。ひとつの集積回路の大きさには制限があるので、より多くのトランジスタを詰め込もうとすれば、各トランジスタの大きさを小さくするしかありません。このため微細加工技術やそれをするための半導体製造装置が必要になるのです。

半導体が考えＡＩが判断した情報を戦闘の現場にリアルタイムで送るために使われるのが、５Ｇに代表される高速通信技術です。中国は通信技術で覇権を握るために産業補助金を惜しみなくつぎ込んでいます。２０１９年12月27日の「ウォール・ストリート・ジャーナル」電子版は以下のように報じています。

「(中国政府から)ファーウェイが受けた補助金、信用供与、税制優遇措置などの金銭的支援を確認し、同社がいかにして最大７５０億ドル(約8兆２０４０億円)もの国家的支援を利用し、ほぼ無名の電話交換機ベンダーから世界最大の通信機器メーカーへと成長したかを初めて明らかにした。そうした支援を武器に、ファーウェイは顧客に寛大な融資条件や競合を30％も下回る価格を提供しているとアナリストや顧客は話す」

2019年5月、当時のトランプ大統領は、ファーウェイが中国政府と緊密な関係を持つことから生じる安全保障上の懸念を挙げ、同社のアメリカでの活動を基本的に禁止する大統領令に署名しました。同社は「エンティティ・リスト」に追加されました。さらに同社をアメリカ財務省が公表している「中国軍産複合体リスト」に載せたことは、第1章で説明した通りです。

中国がファーウェイに国家的支援を行い、同社の5G通信施設を世界中に販売、設置しようとした理由は、智能化戦争で重要な役割を果たす高速通信技術で覇権を握ろうとしたことと、バックドア疑惑のある基地局を世界中に設置し、世界各国の情報を抜き取ろうとしたからに他なりません。

力で国際秩序を変更しようとする中国のアキレス腱が半導体技術です。中国の半導体自給率は10%台半ばにとどまります。米中関係が悪化する中、習近平指導部は外国依存度が高い半導体の国産化に躍起になっています。台湾や韓国と比べて半導体技術で2世代遅れている中国は、国を挙げて半導体国産化の支援を加速しているのです。

半導体を生産するのに必要となるのが、半導体を設計する技術（ソフトウエア）、半導体を製造する製造装置、半導体の材料そして半導体技術者です。

中国には半導体を国産化するために必要となる資金はあります。例えば、中央政府や地方政府が半導体向けファンドを運営しています。２０１４年に設立された「国家集成電路産業投資基金」の第1期投資額は１４００億元（2兆１０００億円）にのぼります。しかし、中国には資金はあっても半導体技術者と最先端の半導体製造装置、半導体材料技術がありません。

中国には、豊富な資金があるので、半導体技術者を高額年俸で集め、半導体製造装置を購入することで、これらの問題を解決することができると考える方もいるでしょう。

ところがアメリカは、軍民融合政策に基づいた中国の半導体国産化を阻止する意向です。半導体国産化阻止の代表例は中芯国際集成電路製造（ＳＭＩＣ）のケースです。アメリカ商務省産業安全保障局（ＢＩＳ）は、２０１９年12月にＳＭＩＣをエンティティ・リストに追加しました。エンティティ・リストに記載されるとアメリカ製の半導体製造装置の輸出が禁止されます。同社は、アメリカ国防総省が公表している「共産中国の軍事企業リスト」にも追加されました。その後、アメリカでは政権が交代しましたが、バイデン政権はＳＭＩＣを「中国軍産複合体企業リスト」に載せ、アメリカの投資家による同社の有価証券取引を禁止しています。巨額の投資が必要な半導体事業で、アメリカの資本市場からの資金調達が不可能になったことは大きな痛手です。

アメリカは中国企業を対象にした高性能電子部品の禁輸を始め、台湾積体電路製造（TSMC）や日本企業を含む各国の半導体メーカーへ中国企業への半導体販売自粛を求め、西側諸国はアメリカに足並みをそろえています。アメリカが半導体市場から中国を締め出せば、ファーウェイなどのスマートフォンや5G基地局などの機器の生産が難しくなり、アメリカとの覇権争いで脱落することになります。

次に、半導体技術者のスカウトはどうでしょうか。日本のメディアではほとんど報じられない事件が起きています。

福建省晋華集成電路（JHICC）はDRAMの開発製造を行うため、台湾の半導体会社、華亜科技（イノテラ・メモリーズ）から経営者や技術者を引き抜きました。イノテラ・メモリーズはアメリカの半導体大手であるマイクロンの子会社です。2018年、アメリカ司法省は転職した従業員を産業スパイの罪で起訴しました。裁判所が福建省晋華集成電路に転職した半導体技術者を産業スパイと認めれば、前科者になります。

この事件は日本、アメリカ、台湾、韓国などの半導体技術者に「下手に共産中国にかかわると、どのようなリスクがあるかわからない」と知らしめました。千人計画に参加している日本人技術者もアメリカを敵にすることがどういうことかを、よく考えることをお勧めします。

日本企業が中国の半導体事業育成に関与していることを窺わせる記事があります。「武漢市にこんなにたくさんの日本人技術者がいたのか。新型コロナウイルスの震源地となり、２０２０年１月23日から４月７日まで封鎖された武漢市。日本へと脱出するチャーター便に携わった日本政府関係者は、想定以上に膨れ上がった乗客リストを見て絶句した。同市には紫光集団傘下でフラッシュメモリーを生産する長江存儲科技（長江メモリー・テクノロジーズ）の工場がある。」（日本経済新聞２０２０年10月26日「中国半導体戦略の本丸、紫光集団とは何者か」から）

日本企業が共産中国の半導体産業育成に協力することは、間接的に中国軍の兵器近代化に加担することになります。米中対立に巻き込まれ、アメリカや西側諸国から制裁されたくなければ、下手に共産中国にかかわらないことが身のためです。

何より必要なのは、半導体は自国内ないし西側陣営で製造された安全な半導体のみを使うことです。

２０２０年５月、アメリカは台湾のファウンドリ（半導体チップの製造を専門に行う企業）、

ＴＳＭＣの工場誘致を発表し、アリゾナ州に半導体工場が完成する予定です。ＴＳＭＣは生産技術力で抜群の力を持つファウンドリです。

世界の半導体メーカーが製造委託し、ＴＳＭＣの微細加工技術は他社の追随を許しません。他のファウンドリでは、量産が不可能な設計でも、ＴＳＭＣなら量産できると言われる会社です。アメリカには有力なファウンドリがありません。

第2章で、アメリカが競争法を上下両院で調整しており、成立する見通しと書きましたが、この競争法には半導体とそのサプライチェーンに関する内容が含まれています。アメリカはＴＳＭＣのアリゾナ工場を組み込んだサプライチェーンを構築するでしょう。アメリカに後工程の企業や、素材メーカー、機器メンテナンス企業も日本やアジアから集まると思います。２０２１年11月ＡＰ通信は、サムスンが、テキサス州オースティン郊外に１７０億ドル規模の半導体工場を建設する予定だと報じました。日本の半導体関連企業もこの動きに注目して見ていることと思います。

２０２１年11月には、ＴＳＭＣが熊本県に新工場を建設することが決まりました。日本政府も約４０００億円の補助金を支出し、新工場の建設を支援します。

中国が台湾への武力侵略を公言する状況では、ＴＳＭＣや台湾の半導体企業は戦争に巻き込まれて台湾にある開発拠点や工場が破壊される事態も想定しなければなりません。このリスクを考えると、台湾企業が自由で開かれた国に拠点を分散する動きが加速すると予想します。

このような状況の中、日本はもう一度、半導体の工場を国内または自由で開かれた国に建て、製造技術を磨き直し、安全な半導体を開発、製造する体制を構築する時が来ています。輸出管理法が施行され、中国で中国政府の管理のもと開発、製造するなどお話になりません。

かつて、日本は世界に冠たる半導体生産国でした。１９８０年代には世界シェアの50％を超えたこともあります。半導体事業の縮小は、安全保障上の理由からアメリカが半ば強要した、１９８６年から１９９７年の日米半導体協定を背景としています。しかし、その後のいわゆる凋落は、中国の産業政策を背景にしたものです。

日本の半導体産業は、各電機メーカーが国家補助のある中国や韓国と設備投資額競争で敗れ、撤退や統廃合に追い込まれました。日本の電機会社ではリストラが行われ、職を失った半導体技術者が中国や韓国のメーカーで働くことになったのです。彼らがそこのメーカーに半導体製造の肝やノウハウを伝え、韓国や中国のメーカーが高度な技術を取得しました。日本人技術者は肝やノウハウを吐き出した後、用済みとなり解雇されました。日本に株主資本主義が導入されてから、日本企業は従業員を粗末に扱うように変質しました。会社の経営不振で技術者をリストラすることは、懸念国の技術を向上させ、自社の競争力の優位を失うだけです。

半導体設計ソフト、半導体製造装置、半導体材料を見てみましょう。

半導体設計ソフトを提供する代表的企業は、ケイデンス・デザイン・システムズやシノプシス等のアメリカ企業であり、世界シェアの50%超を押さえています。

半導体の製造プロセスは大きく前工程と後工程に分かれます。前工程はシリコンウエハーの表面に酸化膜や金属膜を重ね合わせる成膜、回路パターンを転写する露光、ガスを使い回路以外の部分を取り除くエッチングなどの工程です。こうして製造した半導体チップを基板に接合し、切断するのが後工程です。

これら半導体製造の各工程で使われる製造装置を開発生産する代表的な企業は、オランダのASML、アメリカのアプライド・マテリアル社、ラムリサーチ、KLAテンコールなどと日本の東京エレクトロン、大日本スクリーン製造等であり、日欧米が押さえています。

半導体製造プロセスでは、成膜工程の洗浄液や材料ガス、露光工程のレジスト（感光材）やフォトマスク、エッチング工程のエッチングガスなど多彩な材料が用いられます。これらの半導体材料を開発、生産する代表的な企業が信越化学工業、ＳＵＭＣＯ、住友化学、富士フイルム、ＪＳＲ、東京応化工業、昭和電工マテリアルズ、ＡＤＥＫＡ、住友ベークライト等です。世界の半導体出荷量に占める日本メーカーのシェアは１割に満たない状態ですが、日本企業の半導体材料のシェアは５割に達するとの試算もあります。

つまり、半導体を製造するために必要な半導体製造装置や特に半導体材料は、日本企業が市場を押さえています。これらの産業こそ、外国為替および外国貿易法のコア企業に指定し、軍事利用が懸念される中国への技術移転を規制していくことが、安全保障の観点からも重要です。

例えるならば、新鮮な魚が半導体材料。魚を捌く切れ味のよい包丁が半導体製造装置。よい包丁を使い新鮮な魚を捌く腕のよい職人がファウンドリです。日本は新鮮な魚と切れのよい包丁はありますが、長い間、店を閉めていて、腕のよい職人は台湾にいるという感じです。職人を育てることは一朝一夕にはできません。なので、台湾から腕のよい職人を呼んでくるのです。そして、ＴＳＭＣなどファウンドリと関係を深め、日本も中国のように産業補助金をつぎこんで、日本の半導体産業を再興することが求められています。

アメリカと組んで通信の復活を

2020年6月、NTTは日本電気(NEC)と次世代通信インフラ開発での業務資本提携を発表しました。NTTが第三者割当増資を引き受け、NECの第3位株主となったのです。実用化が始まった5Gや次世代通信規格である6Gの通信インフラを共同開発すると発表しました。

トランプ前大統領はファーウェイのアメリカでの活動を基本的に禁止し、同社をエンティティ・リストと共産中国の軍事企業リストに加えました。アメリカが中国の通信インフラを安全保障上の理由から排除することを鮮明に打ち出したのです。中国企業に制裁を加えるアメリカにイギリスや欧州各国も同一歩調をとっています。日本でもファーウェイ製の機器を5G基地局に採用する通信会社はもうありません。

基地局など通信インフラはファーウェイ、ZTE、エリクソン、ノキアの4社が市場の90%以上を占めています。かつての3Gまでは日本企業が通信インフラ市場を席巻していました。４Ｇ以降、日本企業が凋落した理由は技術力の不足ではなく、交渉力のなさにあります。国際的に通信規格を決める会議で、交渉力のない日本は交渉力のある中国や韓国に負け、技術レベルの劣る規格が採択されたのです。

日本企業は単独で、今後６Ｇなどの通信規格交渉で勝てるでしょうか。筆者はその可能性は極めて低いと考えます。通信規格交渉は、技術が勝っていれば自動的に採用されるというような単純な話ではありません。ところが、国内通信各社は現在も、国内市場優先という発想から抜けていないのです。

半導体と違い、通信分野における中国は強力です。２０１９年から、中国は政府レベルで６Ｇ技術開発を開始しました。株式会社サイバー創建は、同社のウェブサイトで約２万件の６Ｇ中核技術の特許について公表しています。国別（日米欧中韓）の出願比率は中国企業が約40％で第1位、第2位はアメリカ企業の約35％。日本企業は3番目で約10％、４位は欧州企業で、約９％となっています（２０２1年9月）。

６Ｇで勝つには、十分な5Ｇインフラを必要とします。ところが、５Ｇの基地局が最も多いのは、中国国内です。日本がアメリカや欧州とともに、ファーウェイの対抗軸となる企業をつくることが求められています。やや専門的な話になりますが、エリクソンやノキアは、コア・ネットワークと言われる課金などに強みがありますが、アクセス・ネットワークと言われる基地局などの領域で、西側諸国に中国企業に対抗できる企業が見当たりません。だからこそ、アメリカやイギリス、欧州と組み日本の持つ技術や基地局量産技術を活かした通信機器企業をM&Aで作り、基地局を量産して、世界各国に中国製以外の安全な基地局を提供することが必要となります。

独裁国家と民主主義国家との武器を使わない戦争では、6G技術競争と第4次産業革命が主戦場になります。独裁国家中国が6Gを統制して標準開発を主導する事態を阻止することが必要です。6Gが経済、産業、政治・国防領域で強力な影響力を持つのです。中国がAI、半導体、6G通信の分野で優位に立つ時、世界秩序を力で変更しようとする中国の野望が実現するでしょう。日本が半導体産業や通信産業を再構築し、世界の先端を走ることが必要です。そのための基礎研究へ国を挙げて資金を投入することも必要になりました。日本が主導する通信再編は、経済安全保障推進法の主旨にも合うでしょう。半導体と通信の復活なくして自由で開かれた日本の未来はありません。

超限戦と外資規制

わが国では、公の秩序の維持および公衆の安全確保のため安全保障に影響を及ぼす業種には外資規制が設けられています。外資規制とは、外国人または外国企業による国内企業への投資に対する規制の総称をいいます。わが国では、外為法のほか通信、放送、電波、航空などの業法で、外資規制が定められています。安全保障に関わる問題であるにもかかわらず、その運用に整合性が見られません。

外資規制を議論する上で、避けて通ることが出来ないのが、超限戦と三戦です。世論戦、心理戦、法律戦の3つを、通称「三戦」と呼びます。三戦とは共産党革命の中核をなすもので、革命戦争は三戦で行われます。

2003年、中国共産党は「世論戦、心理戦及び法律戦を展開し、敵軍の瓦解工作を展開する」と人民解放軍政治工作条例を改訂しました。世論戦とは国内外の世論に影響を与え、世論が中国の行動を支持するための工作活動のことです。情報管理を行い、中国により有利になる情報を発信し、不利な情報の発信をさせないなどの手法があります。世論戦を成功させるためには、わが国の報道機関に中国親派を増やすこと、報道機関に工作員を送り込むこと、民放のスポンサー企業に工作すること、中国に不利になる報道機関に記者会見から排除するなどの方法が有効です。ちなみに、心理戦とは相手の心を揺さぶり相手の行動を変える活動をさします。恫喝などは典型例です。法律戦とは法律を成立、施行し、行動の正当性を主張するための活動を指します。例えば第一章で説明した、独裁者に奉仕するための中国の法律の施行です。すべての国民が中国の諜報活動に協力する行為を正当化する国家情報法、中国から国外への情報移転を極端に困難にするデータ安全法など、中国の政治や外交などでも三戦は行われています。さらに域外適用を取り入れ、中国で開発や生産された製品や技術の輸出先を決めることができる輸出管理法や反外国制裁法を制定しました。反外国制裁法は心理戦と法律戦のハイブリッドです。このことを知るとものの見方が変わります。

インターネットなど様々な方法で情報を集め分析し判断する人たちがいる一方で、情報端末操作ができず地上波放送だけが唯一の情報収集手段の人たちもいます。地上波だけが情報収集手段の有権者に対し、その国の政府の意向を反映した報道が流れ、その国の思惑通りに世論形成され誘導される世論戦リスクを踏まえて、世論戦に対抗できる外国人議決権比率を改めて議論する必要があります。

中国共産党は三戦を展開し、敵の瓦解工作を進めていることを紹介しましたが、中国共産党にとり世論戦を含む三戦は「革命の常道」です。

ロシアによるウクライナ侵略では、日本でも世論戦が行われています。欧州では「あなたがここで戦わなければ、あなたの家族が故郷で死ぬ」という考えが常識です。また、自分たちが前面で敵と戦わなければ、他人が助けに来ないことは言うまでもありません。「20年後、30年後に戦争が落ち着いてからまた故国に戻って来ればいいじゃないか」という意見を主張した方もいましたが、戻れるわけがありません。中国に占領されたウイグル人やチベット人が、どのような運命を辿ったかをみれば、日本人がどうなるかは容易に想像がつきます。

降伏論は、日本を侵略しようとする国に取り好都合です。戦わずして降伏すれば、侵略する側はコスト（犠牲）を払わずに、日本を侵略することができます。私たちは、「自分が前面で戦わなければ、他人は助けに来ない」現実から日本人の目をそらし、外国の国益のために「降伏すれば死なずにすむ」と世論戦を仕掛ける日本人を目の当たりにしました。「私がここで戦わなければ、私の家族が故郷で死ぬ」と考える日本人を減らすことは、外国の国益にもなります。この件については、発言者と中国企業との関係などが、インターネット・メディアなどで報じられました。「百戦百勝は善の善なるものにあらざるなり。戦わずして人の兵を屈するは善の善なるものなり」という、中国の孫子の言葉を思い出した方も多いでしょう。

外資規制の問題点とその解決法

ここで、外資規制のあるべき姿とは何かを考えましょう。わが国では、電波法第5条3項は認定放送持株会社の欠格事由として、放送法5条1項に定める外国人等の議決権割合が全ての議決権の五分の一を超えないこととしています。放送業者に対する外資規制が行われている理由は、放送が世論に及ぼす影響を考慮した安全保障上の理由によります。言い換えますと世論戦対策です。放送業者に対する外資規制は、わが国だけでなく、アメリカ合衆国でも欧州でも類似の制限が設けられているのです。

証券保管振替機構が公表している外国人保有制限規制銘柄の外国人直接保有比率を見ますと、フジ・メディア・ホールディングスと日本テレビホールディングスの2社が、それそれ、32・88％と23・13％と、発行済株式総数の五分の一を超えています（2022年4月22日時点）。

とはいえ、発行済株式総数は議決権の数とは一致しません。専門的な話になりますが、定款で単元株式数を定めている場合は、1単元の株式につき1個の議決権となりますが、単元株式数未満の株式（端株）には議決権はありません。ちなみに単元株とは、通常の株式取引で売買される売買単位のことです。そして、放送免許の欠格事由では、株式数ではなく議決権の個数が問題になるのです。

だれでも証券会社を通じて上場会社の株式を購入することができます。多くの外国人が上場放送会社の株式を買えば、単元株に付いている議決権も総議決権個数の五分の一を超えてしまい、上場放送会社は何もできません。

そこで放送法116条では、外国人等の議決権割合が全ての議決権の五分の一を超え、欠格事由に該当した場合はその氏名および住所を株主名簿に記載し、または記録することを拒むことができるとしているのです。総務省が2017年9月25日に出した通達文書に基づいて、外国人等の議決権割合は計算されています。

詳しい計算方法は省略しますが、例えば、全部の議決権個数が100000個の上場持ち株会社があり、外国人が３０００個、日本人が７０００個の議決権を持っているとします。このままでは、外国人の持つ議決権個数が五分の一を超えるため、この会社は放送免許取消処分になります。そこで、この会社は７０００個が全議決権個数の五分の四になるように、外国人の議決権個数を１７５０個に調整します。これなら外国人のもつ議決権個数は五分の一になり欠格事由になりますので、１個減じて１７４９個を外国人の議決権個数にするのです。外国人が持つ議決権３０００個のうち１２５１個は、名義書換を拒否されますので、株主総会は８７４９個で行われます。

株式上場する認定放送持ち株会社は有価証券報告書を作成し公開しています。この有価証券報告書に主要株主が記載されていますが、名義書換拒否された外国人は株主名簿に載りません。先の例ですと、８７４９個の議決権を持つ株主だけが名簿に掲載されており、名義書換拒否された１２５１個の外国人株主は、株主名簿上は存在しないことになることに注意が必要です。また、外国人直接保有比率については、国別の情報が開示されないことは問題です。放送会社の株主名簿を見る際に注意が必要な点は、主要株主にカストディアン（投資家に代わって有価証券の保管・管理を行う金融機関）の名前が並んでいます。また、日本に帰化した外国人が保有する株式は、日本人保有株式にカウントされることにも留意する必要があります。

放送内容が世論に及ぼす影響を考えると、国家安全保障・投資法で外資規制を行うなら、外国人等が行使できる議決権個数の割合をゼロにする必要があります。そもそも、外資規制が設けられる理由が、公の秩序の維持および公衆の安全を確保し、安全保障に影響を及ぼさないことである以上、外国人に外資規制業種の日本企業の株主総会で議決権を行使させること自体が、外資規制の目的と反しています。こうすれば現在の複雑な議決権計算を排除できるので一石二鳥です。外資規制業種に当たる日本企業の株主総会で議決権を行使したい外国人は、世論戦を考えると、どの国の国益のために議決権を行使しようとしているのでしょうか。世論戦により、放送事業が国民世論に及ぼす影響を考えれば、最低限でも国別の開示は必要ですし、タックスヘイブンやファンドなど真の持ち主の正体を隠す投資家による外資規制がある業界の株式取得は法律を改正し、公安調査庁などに匿名出資者の実態を調査することができる権限を付与する法律の成立、施行が必要となるでしょう。

自民党の高市早苗政調会長は著書『美しく、強く、成長する国へ』（WAC出版）の中で、外資規制について、国家安全保障・投資法を制定し、現在8本の法律で対応している外資規制を国家安全保障・投資法に一本化して、これらを統括し、「政令」により対象分野の追加を容易にすることを提案しています。

高市案で一本化したうえで、国家安全保障・投資法で外資規制を行うなら、外国人等が行使できる議決権個数をゼロにすることが必要なのです。国内に大きな影響を及ぼす企業への経営に外国人が口を出すことを許せば、国益を損なう事態を招きかねないからです。

議決権の行使ができなくしても、放送番組の政治的公平性などを定めた放送法4条が守られるとは限らないとの指摘もあります。前述のように、放送番組の制作に外国の影響を受けないための制度設計が必要なことは言うまでもありません。

河野太郎氏の「日本端子」は何が問題なのか

対中国を念頭に置いた経済安全保障時代では、中国との関係やそこから生じる利益相反や利益誘導についても議論になります。これから出てくる利益相反や利益誘導政治は、欧米では瞬時にアウトとなることです。

2021年秋、菅義偉総裁の後継を争う自由民主党総裁選挙が行われました。この総裁選挙に立候補した一人が河野太郎氏です。河野太郎氏の父は「親中派」として知られる河野洋平氏ですが、この選挙戦の中で日本端子という会社に光が当たることになりました。

同社は神奈川県平塚市に本社を置く、自動車向け端子やコネクタなどの設計、製造、販売などを手がける製造業です。信用調査会社の報告書では、1960年8月、河野弘氏と園田直氏が中心となって東京都中央区に設立され、67年に神奈川県大磯に本社を移転。95年中国に合弁会社「北京日端電子有限公司」を設立し、96年に香港に「香港日端電子有限公司」を開設。日本企業の中でも、同社は中国進出時期が早い企業です。そして2012年に中国に独資で「昆山日端電子科技有限公司」を開業、17年に日本端子本社は現在の平塚市に移転しています。

日本端子の本社土地建物は河野太郎氏の父親・河野洋平代表が所有しており、日本端子は河野洋平氏に賃借料を支払っているものと思われます。企業のオーナーが自ら所有する土地に自分の会社を置くことで、会社から賃借料を得ることができ、会社側は賃借料（経費）を払うことで税金を圧縮することができます。これは中小企業の同族会社でよく見られる節税スキームで、違法ではありません。

同社は国内に大磯、花泉（岩手県）の2工場、国内支店・営業所のほか、中国に子会社2社、香港に1社を展開し、2021年3月期の売上は155億円、税引後利益は22億円と推計されます。

日本のメディアは「日本端子は〝河野ファミリーの同族会社〟」と報道しますが、この記載は、正確性を欠きます。信用調査会社のレポートには、河野太郎氏が3・6%の株式を持つとの記載があります。つまり、「河野太郎氏本人は株を所有するだけで経営は親族」ではなく、「河野太郎氏も株を所有する会社」なのです。この事実は重要です。メディアは、株主名簿を調べずに報道しているのでしょうか？

同社の代表取締役会長は河野洋平氏で、代表取締役社長には同氏の次男である河野二郎氏が就任しています。そして河野太郎氏も自身の著書で「1993年に同社の取締役に選任された」と書いています（現在は役員を退任している）。

前置きが長くなりましたが、私は同社が「同族企業」であること自体を問題にしているのではありません。この問題の核心とは、第一に日本端子から河野太郎氏へ政治献金が行われているということです。文春オンラインによると、河野太郎氏が代表である「自民党神奈川県第15選挙区支部」の政治資金収支報告書では、「日本端子は2012年12月4日付で100万円を同支部に献金し、2014年にも計250万円、他の年にも百万単位で献金した」とあります。また日本端子は河野氏の資金管理団体だった新政フォーラムにも、毎年のように１００万円を超える献金をしています。こうして河野太郎氏が初当選した１９９６年以降、日本端子から同氏の政治団体への献金額は合計約３０００万円になるとのこと。日本端子のほか、河野家の資産管理会社恵比寿興業など他の〝ファミリー企業〟からの献金を加えると、少なくとも６７００万円に上ると報じられています。

一般論として、同族会社の（議決権を持つ）株主が、その会社の売上や利益が増大することを望むのは自然なことです。日本端子の場合、同社の所有者の一人である河野太郎氏が、自身が代表を務める「自民党神奈川県第15選挙区支部」へ政治献金する日本端子の業績拡大を願うのは自然なことでしょう。念のために書きますが、政治献金行為自体は適法です。

では何が問題視されたのでしょうか。日本端子は同社のウェブサイトに「太陽光パネルに使用される部品を生産、販売している」と記載しています。仮に、河野太郎氏が自民党総裁選挙に勝利し、自由民主党総裁に選ばれていたとしたら、当然、日本国の内閣総理大臣に就任することになります。総理大臣が再生可能エネルギー政策を推進すれば、国内の太陽光パネルの設置数は増えます。太陽光パネルの設置数が増えれば、パネルに使用される部品の使用数も増えます。そうなると、総理が株を所有する日本端子の太陽光パネル用部品事業が拡大し、増収増益になるでしょう。ここで、自身の唱える政策により、自分が所有する会社の利益誘導にならないかどうか……という点が問題になります。

現在の日本端子の事業は、ガソリン車用電気部品が主体です。ガソリン車は今後、ハイブリッド車を経て、世界的に電気自動車や水素自動車に置き換えられる流れにあり、日本端子の主力事業は右肩下がり（縮小）傾向です。このため、日本端子は新事業でガソリン車用部品事業の落ち込みを挽回することが必要となってくるのではないでしょうか。

そこから導き出される仮説は、再生可能エネルギー政策の推進で太陽光パネル用部品やハイブリッド車用部品、電気自動車用部品の事業が伸びれば、同社はガソリン車用部品の落ち込みをカバーすることができるということです。逆に言えば、既存のガソリン車事業の落ち込みを太陽光パネル用部品事業で補完する方策として、「再生可能エネルギー政策の推進が追い風になる」ということになります。

つまり、河野太郎氏が推進する政策は、同氏も所有する日本端子の増収増益につながる〝利益誘導〟ではないかとの疑いを持たれかねないのです。河野太郎氏は公人として、また総裁候補として、これらの疑念に対し身辺をきれいにしたうえで、説得力のある説明を行うことが必要になります。河野太郎氏は日本端子の株主として配当も受け取るし、自民党神奈川県第15選挙区支部は日本端子から適法な献金も受けています。

日本の政治を司る総理大臣は、国内外の政策決定を決める強大な権力を持ちます。総理大臣が再生可能エネルギー政策を推進することで、日本端子の業績拡大につながる可能性があり、「利益誘導、便宜供与の可能性を排除できることを立証できない」のです。この点が、一般の民間企業による中国での事業展開とは話が違うのです。

日本国と自分の企業との「利益相反」に

日本端子問題は、ツイッターで情報発信している三木慎一郎氏が問題提起したことがきっかけで、ネット上で拡散しました。最初、私は傍観していたのですが、インターネット番組から解説を依頼されて出演し、「利益誘導、便宜供与の可能性を排除できることを立証できない」と問題の核心を突きました。日本端子問題は、俗に「モリカケ問題」と呼ばれる証拠が出ない話と異なり、〝真っ黒な話〟だと解説し、「なぜ、疑惑追及を公言する野党が沈黙を守っているのか」と問題提起しました。

また、もう一つの問題点にも触れました。それは、中国の「利益相反」についてです。第1章で説明した反外国制裁法は、「中国政府が反中行為を行ったと判断した場合、中国は、中国にある合弁会社や独資会社、日本にある親会社や経営者、その家族に制裁を行うこと」に法的なお墨付きを与える法律です。

河野太郎氏が株主の日本端子は、中国に合弁会社や独資会社を持っています。仮に、河野氏が総理大臣になり、中国の国益と反する施策を行おうとする場合、中国が反外国制裁法を発動し、日本端子の在中子会社や日本端子自体を制裁することが想定されます。米中対立がますます先鋭化していますので、米国の同盟国である日本は中国に対して厳しい態度をとる場面が増えてくるでしょう。台湾有事、すなわち日本有事も現実味を帯びている状況下、河野太郎氏は国益を優先するか、自らも所有する日本端子や在中子会社を護るかの板挟みになり、利益相反が生じて、国益最優先の外交ができるのか、という疑念が生じてくるのです。

この指摘を取り上げ、問題提起をされたのが、作家の門田隆将氏です。門田氏はこの問題の深刻さを理解され、「チャンネル正論で前編に続き平井宏治氏が河野太郎氏の親族企業日本端子問題のどこが致命的かわかりやすく解説。売上2兆3000億の中国共産党系企業と売上155億円に過ぎない平塚の一企業がなぜ合弁企業をつくることができたのか、また太陽光発電事業との関連も、国民が知らねばならない事実」とフォロワーに紹介しました。後日、門田氏から「この問題に触れたツイート2本は330万人を超えるネットユーザーが見た」と直接聞いた際には、その反響の大きさに驚きました。

産経新聞論説副委員長の佐々木類氏は、著書『チャイニーズ・ジャパン』（ハート出版）の中で、利益相反に関する質疑応答の様子を紹介しています。

「中国進出が悪いわけではないが、河野政権になれば中国から格別に優遇されたり、逆に嫌がらせを受ける可能性もある。中国に毅然と対応できるのか」と夕刊フジの村上智博記者が質問したところ、河野氏は「私の政治活動に影響を与えることはない」と即答しました。

村上氏はさらに追及し、畳みかけるようにその根拠を尋ねると、河野氏は「何か中国側から嫌がらせを受けたり、というのは企業側がどうカントリーリスクを判断するかに尽きる」と語ったそうです。

しかしこれでは、回答になっていません。もし、河野氏が総理大臣として日本の国益を優先し中国の国益に反する施策を行った結果、中国が反外国制裁法を発動して日本端子に制裁をすれば、河野氏は日本の国益と日本端子の利益との板挟みに陥ります。利益相反が生じるのです。この点に対する明確な回答をしなかったのです。人によっては、河野太郎氏が日本端子を護ることを優先し、中国に有利な決定をするのではと疑う人もいるでしょう。総理を目指して政治家を続けるのなら、日本端子の株は整理すべきだと思います。李下に冠を正さず、です。

中国が河野一族を厚遇するのはなぜか

門田氏のツイートで紹介されましたが、日本端子に関しては、他にも不自然に思われることがあります。前述の合弁会社「北京日端電子有限公司」の相手が、北京京東方科技集団股分有限公司（ＢＯＥ）であることです。ＢＯＥは北京市に本社を置くディスプレイ製造分野では世界屈指の規模を誇る電子製品メーカーで、液晶ディスプレイメーカーとして急成長し、主に薄型テレビ、大型モニター、スマートフォンに使用される液晶ディスプレイ（TFT-LCD）や有機ＥＬ（AM-OLED）などを製造販売しています。２０２０年度の売上高は１３５５億５０００万元（２兆３０００億円）です。

深圳証券取引所に上場するＢＯＥの筆頭株主は、北京国有資本経営管理中心といい、北京市傘下の資産運用会社で国有企業の株式管理・再編等を担当する機関なのです。中国政府との関係性が深い資産運用会社です。

ＢＯＥは北京市政府の支援を受けて、強力な資金調達能力を有しており、新工場の建設、研究開発に多額の投資を行い、中央政府と地方政府から多額の助成（産業補助金など）を受けています。しかも同社の代表取締役の陳炎顺氏は、２０２１年６月に「優秀党務工作者３００人」の筆頭になった人物です。

中国を代表する２兆円以上の売上規模の大会社が、売上規模１５５億円の日本企業と合弁を継続し続けることは、通常ではありえません。急成長したＢＯＥは日本端子との合弁を解消するのが一般的です。日本端子が他に真似のできない先進技術を持っているなら理解できますが、失礼ながら、こうした特徴は見受けられません。コネクタの分野ならヒロセ電子や日本圧着端子製造などの企業があります。にもかかわらず、合弁が継続していることで、中国政府がいかに日本端子を重視しているかがわかります。

こうした会社の持ち主が、日本国の総理大臣になったときに、日本の国益を背負って中国と対峙できるのでしょうか。だからこそ、河野太郎氏には、利益誘導、便宜供与、利益相反等の疑問に対する納得のいく回答が必要となるのです。

中国への技術移転は自らの首を絞める

ファーストリテイリングの柳井正会長兼社長は、「現実を見てほしい。米中は対立しているかのように見えて実際は対立していない。米国の金融資本は中国への投資に流れ、逆に米アップルなどの製品もみな中国製。中国の対米輸出額も増えている。米中は経済的にはうまくいっている」と発言しました。

そこで、アメリカの商務省のデータを使い、2020年度の貿易を見てみましょう。アメリカの輸出入相手国をみると、輸出では第1位カナダ（17・8％）、第2位メキシコ（14・9％）、第3位中国（8・7％）、輸入では第1位中国（18・6％）、第2位メキシコ（13・9％）第3位カナダ（11・6％）となっています。アメリカから中国への主な輸出品をみると、大豆（11・4％）、ICチップ（8・2％）、原油（5・4％）、自動車（4・9％）、機械部品（4・0％）などです。アメリカの中国からの主な輸入品は情報処理機器（12・2％）、電気機器（12・1％）、繊維製品（3・7％）、玩具・遊戯用具（2・5％）などとなっています。

ジェトロのデータを使い、日本の輸出入相手国をみると、中国は輸出では第1位（22・0％）、第2位アメリカ（18・4％）、第3位韓国（7・0％）、輸入では第1位中国（25・8％）、第2位アメリカ（11・0％）、第3位豪州（5・6％）となっています。日本から中国への主な輸出品をみると、ICチップ（27・0％）、半導体製造装置など機械類（20・8％）、自動車（部品含む）（9・4％）、光学機器類（9・2％）などです。日本の中国からの主な輸入品は情報処理機器（12・2％）、自動データ処理機械他機械類（20・0％）、繊維製品（12・0％）、玩具・遊戯用具（2・8％）などとなっています。

データからおわかりのように、米中と比べ、日中のほうが、相互依存度が高いので、経済安全保障の観点から希薄化、脱中国を進める必要性が高いことは明らかです。

アメリカは、農産品や原油など、機微技術や軍民両用技術とは無関係の産品の輸出が上位を占めているのに対し、日本はICチップや製造機械類が輸出の上位を占めていることになります。つまり、日本は14億人の市場に製品を輸出しているのではなく、中国企業が製造に必要とするICチップや製造機械を輸出し、中国で組み立てられた情報処理機械や自動データ処理機械などの完成品を輸入していることがわかります。

規制と統制の国、中国では、強制的な技術移転などで日本企業の技術や製造ノウハウなどが日本から中国に移り、中国の製造業が力をつけます。やがてＩＣチップや製造機械の中国国産化が進み、日本から購入する必要がなくなるので、輸出は先細りになるでしょう。自分の技術や製造ノウハウを吸い取られる技術移転を続ける意味はあるでしょうか。新幹線車両の事例を思い出してください。

「自由で開かれた日本」を護れ

かつて経済制裁は、ならず者国家に経済制裁を与えて、懲らしめることで、不埒なことを止めさせるために使われました。

ところが、経済発展した中国は自国の意向を押し通すために経済的ツールを悪用するようになり、「ヒト・モノ・カネ・情報は、何の制約もなく自由に往来する」とするグローバリズムに基づいたサプライチェーンを独裁国家にまで拡げてしまい、その結果、生殺与奪の権を独裁国家に握られる結果になることが明らかになりました。

そこで、経済というツールを使いわが国の独立、生存、繁栄を確保していくための経済安全保障（Economic Statecraft）という概念が登場しました。２０１０年代の終わりからグローバル経済の時代は終わり、経済安全保障の時代に変わりました。この時代の変化を見落とすと、時代の変化に対応できなくなります。

一方で、独裁国家中国は軍民融合戦略によりアメリカを上回る軍事強国実現に突き進んでいます。アメリカは、独裁国家中国が自由で開かれた諸国の民主主義、自由貿易体制にただ乗りして国力を増強させることを拒絶しており、単なる覇権争いと認識することは大きな誤解です。根本的な価値観が違うのです。繰り返しますが、グローバル経済から新冷戦に入り、国境のない経済から国境のある経済への転換が求められています。

アメリカの対中姿勢は議会だけでなくバイデン政権も含めて、トランプ政権以上に強硬度合いを増しています。バイデン大統領は米中の対立を「民主主義国家vs専制主義国家」と述べ、アメリカ議会は包括的中国対抗法である競争法を成立させようとしています。

アメリカの対中姿勢の背景を理解し、経済安全保障が日本の国家安全保障に直結することを十分理解することが必要です。このため、本書では、中国が軍民融合政策を推進し、西側諸国の経済界や学術界から軍民両用技術や機微技術を窃取している状況を、公開情報を使いながら具体的な事例を挙げて説明しました。本書を通じ、中国が目指す最終ゴールとは、経済成長で得た資金を兵器の近代化や増強に使い、力で世界秩序を変更し、中国共産党の幹部数名が世界を支配しようとしていることがおわかりいただけたと思います。

しかし先例主義に陥り、状況の変化に迅速に対応できない日本企業は、「何とかなるだろう」とか「米中関係と日中関係は別。日本は日本の道を行けばよい」など、現実を認識しない無邪気な意見が散見される状態です。いまだに、「米中の経済関係は切ることはできないからやがて米中関係は収束する」「日本の最大の貿易相手国は中国だ」という意見もあります。このような表面的な表現に惑わされないように、本章では米中貿易、日中貿易を分析してみました。そこで、アメリカの輸出相手としての中国は第三位であり、小麦や原油が上位を占めていること。日本から中国への輸出は、中国企業が生産するために使う機械類や部品を輸出していることを明らかにしました。もしも、中国に開かれた14億人の市場があるならば、日本企業の製品や商品が輸出の上位を占める筈です。

しかし現実は、日中貿易の真の姿とは、日本企業が中国製造2049のために、せっせと生産ノウハウが詰まった製造用機械を販売している姿を明らかにしました。確かに、企業が存続のために利益を上げることは重要ですが、しかし、目先の経済的利益よりも安全保障や日本の政治体制を維持することが優先される時代になりました。中国の軍民融合政策についての理解がないまま、中国で事業を行うことは深刻なリスクを伴います。

米中対立の先鋭化により、経済界は経済安全保障リスクに向き合い、中国を外したサプライチェーンの組み替えが必要になりました。中国から国内や東南アジアへ製造拠点を移転することは、中国がその意向に従わない国に対し、不買運動や不当な輸入関税をかけるリスクを回避することを可能にし、日本国内の雇用も増えることになります。

２０２０年、安倍政権が脱中国の補助金を募集したところ、約１兆７６４０億円分の申請がありましたが、どういう理由かわかりませんが、管政権、岸田政権では、この補助金が立ち消えになっています。政府は経済安全保障推進法の成立と同時に、２兆円規模の脱中国補助金を復活させ、経済安全保障推進法を実効あるものにすることが必要です。中国で国防動員法が発令されれば、中国に開発、生産拠点をもつ日本企業が、深刻な事態に直面することは説明しました。日本企業が中国から製造拠点を移転した分、中国の国内総生産は下がり、中国の軍拡の資金源が細ります。

どうしても、中国で商売したい日本企業は、中国から開発・製造拠点を国内や東南アジアに移し、完成品を中国に輸出するサプライチェーンを組むことで解決することができます。合弁会社を通じ中国国内で開発と製造することを通じて、日本企業の技術やノウハウを窃取し、軍事転用したい中国は難色を示すでしょうが、無理をして中国に妥協する必要はありません。全てを奪われる未来と引き換えに目先の商売を行う行為は、後世に嘲笑の的になるでしょう。

我々はロシアによるウクライナ侵略を通じ、アメリカが自国の都合を優先し、核を持つ国を攻撃しない現実を目の当たりにしました。専守防衛の国ウクライナが直面している現実を目の当たりにしました。この数年で中国が台湾を侵略し、沖縄県の先島諸島や沖縄本島にまで戦場が拡がることが現実味を帯びて語られています。気がついたら、自由で開かれた日本が、規制と統制の香港のようになり、言論の自由がないことに文句を言えば、中国の警察官に警棒で殴られるようになっている事態を避けなければなりません。日本が中国を宗主国と崇める属国になれば、日本人に待ち受ける運命は、ウイグル人やチベット人が受けている艱難辛苦の比ではないでしょう。日本企業の経営者たちが今まで通り、社長の座に座り、経営を続けられることはありません。日本が中国の属国になれば、財産は収奪され、中国人が日本企業を支配し、一部の技術者は人民解放軍の武器開発に従事させられ、多くの日本人は強制され自由がなくなる日が来ます。

門田隆将氏は「中国共産党は『中国は百年の恥辱をはらす』と宣言し、その対象は日本だ」と分析しています。中国国内では、反日教育が行われ、洗脳された反日中国人が数多くいることも現実です。目先の商売で「儲かった」とか無邪気に喜んでいる場合ではないのです。

日本の政界、財界、学会では、統一戦線によるBMW（Business・Money・Woman）を用いた浸透工作が進み、彼ら協力者はわが国の国益ではなく中国の国益のために活動しているのです。彼ら協力者の発言内容が実現した場合、どの国の国益になるのかを考えることが、世論戦から日本人を護ります。本書では触れることがありませんでしたが、日本戦略研究フォーラムの藤谷昌敬氏からわが国で「ビジトラ」「マネトラ」「ハニトラ」がはびこる実態を聞いています。このまま浸透工作が進めば、日本が独立を維持し、自由で開かれた社会を我々の子孫にバトンタッチすることは難しくなるかもしれません。

日本は今、このような悪夢が実現してしまうか踏みとどまれるかの瀬戸際にいるのです。全てを奪われる未来と引き換えの中国への進出。これでも、中国と組んでビジネスを続けますか。

おわりに

前書『経済安全保障リスク』（育鵬社刊）を出版したのは、2021年2月でした。正直、出版した当時は、私にとって最初で最後の本になるだろうと思っていました。

ところが、アメリカと中国との対立は先鋭化し、2021年には中国で、反外国制裁法、データ安全法を含むデータ3法の施行が行われ、アメリカではいよいよ競争法が成立しようとする状況です。

独裁国家中国は軍民融合政策を進め、日本からも軍民両用技術や機微技術を盗み取り、軍事転用を行い、経済成長で得た資金を軍事拡張に惜しみなく使っています。この中国の姿を直視し、適切な対応を取ることが求められています。個人的には、中国による手段を選ばない超限戦で、日本の政界、財界、学界に浸透工作が進み、国家のことを優先して考える人材が減っているように見えます。また、前回の衆議院議員選挙では不思議なことに、国益を訴える政治家に落選させる運動が起きました。議席を失った方、比例で復活した方、いろいろなことが起きました。独裁国家中国とその協力者が、日本を中国の属国にしようと組織的に工作しているようにも見えます。日本の国益を訴える政治家が当選し、外国の手先である政治家には政界から去ってもらう。そのためには、いま起きている現実を有権者が知ることが大切ではないでしょうか。しかし救いは、日本でも経済安全保障推進法が成立し、経済安全保障に対する関心が高まりつつあることです。本書が発売された後には、3年に一度の参議院議員選挙が行われます。所属する政党ではなく、日本の国益を訴える候補者に一人でも多くの有権者が一票を投じることを願います。

こうした状況で、ワック株式会社からお声がけを頂き、2022年4月までに起きたことを中心に、経済安全保障について2冊目となる本書を出版することになりました。何かの力が、「行け！」と私の背中を押している気がしてなりません。

アメリカと中国との争いは多岐にわたり、サイバーセキュリティ、人民元と米ドルの基軸通貨争い、台湾有事と沖縄有事、株主資本主義の見直し、インテリジェンスの充実などもあります。紙幅の関係で、本書ですべてを網羅することはできません。これらの問題のうち、いくつかの問題は、別の機会で触れたいと思います。

本書は私一人の力でできた訳ではありません。ワック出版の佐藤幸一常務執行役員、未来工房の竹石健さん、定期的な発信場所を提供してくださる文化人放送局の屋代雄三代表、山岡鉄秀さんらQ&Aチーム、「月刊正論」の田北真樹子編集長ら多くの方との出会いとご縁があっての2冊目出版となりました。

この場をお借りして皆様に感謝いたします。

令和4年5月

株式会社アシスト　代表取締役　平井宏治

主な参考文献

『経済と安全保障』田村秀男、渡部悦和著（２０２２年１月刊　扶桑社ＢＯＯＫＳ）
『シン・経済安保』高橋郁夫、近藤剛、丸山修平著（２０２２年２月刊　日経ＢＰ）
『米中と経済安保』江崎道朗著（２０２２年３月刊　扶桑社）
『永田町中国代理人』長尾たかし著（２０２２年３月刊　産経新聞出版）
『日本学術会議の研究』白川司著（２０２０年12月刊　ＷＡＣ ＢＵＮＫＯ）
『チャイニーズ・ジャパン』佐々木類著（２０２１年12月刊　ハート出版）
『日本の対中大戦略』兼原信克著（２０２１年12月刊　ＰＨＰ新書）
『美しく、強く、成長する国へ。』高市早苗著（２０２１年９月　ＷＡＣ ＢＵＮＫＯ）
『経済安全保障リスク』平井宏治著（２０２１年２月刊　育鵬社）
「学術会議こそ学問の自由を守れ」奈良林直、公益財団法人国家基本問題研究所ホームページ（２０２０年10月28日）
一般社団法人安全保障貿易情報センターホームページおよび各種レポート
経済産業省ホームページ
財務省ホームページ
など

平井宏治（ひらい　こうじ）
1958年、神奈川県生まれ。早稲田大学大学院ファイナンス研究科修了。82年、電機メーカー入社。外資系投資銀行、M&A（企業の合併・買収）仲介会社、メガバンクグループの証券会社、会計コンサルティング会社で勤務後、2016年、アシスト社長。1991年からM＆Aや事業再生の助言支援を行う傍ら、メディアへの寄稿や講演会を行う。著書に『経済安全保障リスク』（育鵬社）がある。

トヨタが中国《ちゅうごく》に接収《せっしゅう》される日《ひ》

この恐《おそ》るべき「チャイナリスク」

2022年５月30日　初版発行
2022年６月17日　第２刷

著　者　平井 宏治

発行者　鈴木 隆一

発行所　ワック株式会社
東京都千代田区五番町４-５　五番町コスモビル　〒102-0076
電話　03-5226-7622
http://web-wac.co.jp/

印刷製本　大日本印刷株式会社

ISBN978-4-89831-867-6